내 이름은 막내

내 이름은 막내
추미애 에세이

초판 1쇄 발행 2025년 9월 5일

지은이 추미애
그림 대호
펴낸이 장길수
펴낸곳 지식과감성#
출판등록 제2012-000081호

교정 정은솔
디자인 이현
편집 이현
검수 주경민
마케팅 김윤길

주소 서울시 금천구 벚꽃로298 대륭포스트타워6차 1212호
전화 070-4651-3730~4
팩스 070-4325-7006
이메일 ksbookup@naver.com
홈페이지 www.knsbookup.com

ISBN 979-11-392-2780-2(03810)
값 13,800원

- 이 책의 판권은 지은이에게 있습니다.
- 이 책 내용의 전부 또는 일부를 재사용하려면 반드시 지은이의 서면 동의를 받아야 합니다.
- 잘못된 책은 구입하신 곳에서 바꾸어 드립니다.

지식과감성#
홈페이지 바로가기

차례

10 막내로 살면서

01 아픈 손가락

15 아픈 손가락
20 어부바
22 엄마의 발목
27 빨간 대야와 돌팔매
30 아궁이
32 쑥개떡
34 칼국수
36 닭 가슴살과 닭 다리

02 화성목장

41 외투
43 짝꿍
45 다리미

48　화성목장
50　남학생의 고백
52　호랑이 굴
55　일기장
58　짝사랑
62　묻지 마 폭행
64　가출
66　엘리베이터
69　애꾸눈 선장
72　아빠의 오지랖
74　엄마의 집착
77　스웨터
79　딱풀의 힘

03 보금자리

83　대추나무
86　청소부
89　컴프레서
91　가죽피리
93　효녀
95　보금자리

04 은행

101	운명
104	만취녀
108	만우절
110	유치원
114	햄스터
117	띠앗
120	구멍 난 양말
122	머스캣
124	원룸의 애환
127	은행
130	아빠의 마지막 소원

05 내 이름은 막내

137	헬리콥터 맘
139	코로나19의 촌극
142	곱창집 언니
146	이 눈물이나 저 눈물이나
148	가위
153	역지사지

155 칼로 물 베기
160 벤츠
163 충돌
166 나는 절대 뛰지 않는다
168 웃음보
170 가랑이
172 모닝
174 우리가 살아온 계단의 높이
178 큰언니의 진면목
180 휴지
182 시아버지의 며느리 사랑
185 내 이름은 막내

06 나는 변한 것이 아니라 다시 찾은 것

193 용서
197 동병상련
199 유산과 오해
203 은혜 어머니
205 잠들지 않는 밤에

208 나는 변한 것이 아니라 다시 찾은 것

212 해설 | 김명석(시인, 수필가, 소설가)
     깊은 사유와 성찰을 통한 철학

막내로 살면서

   막내로 불리며 살면서 부모님의 관심이 모두 사랑이었다는 걸 바보처럼 두 분이 돌아가신 후에야 깨달았다. 문득 내리사랑을 갚아야겠다는 생각에 글을 쓰게 되었다. 바로 실행에 옮기니 신기하게 옛 추억이 하나둘씩 새록새록 떠올라 울기도 하고 웃기도 했다.

   『내 이름은 막내』는 그렇게 울고 웃었던 에피소드들을 진솔하게 담은 인생 이야기이다.

   어릴 적 우리 집안은 가난했지만 나름대로 행복했었다. 만약 부유한 살림이었다면 이토록 울고 웃을 수 있는 글을 쓰지 못했을지도 모른다.

많은 독자가 동병상련하며 위안과 희망과 행복을 얻으실 수 있기를 소망한다.

『내 이름은 막내』를 출간할 수 있는 힘을 주신 김명석 작가님과 힘든 환경 속에서도 사랑으로 예쁘게 길러 주신 부모님께 감사를 드린다.

01
아픈 손가락

아픈 손가락

　엄마는 나를 가진 사실을 알았을 때 힘들었다고 했다. 찢어질 듯한 가난으로 돈을 벌어야 하는 데다 넷이나 되는 아이를 돌보는 일에 지쳐 뱃속의 다섯째 아이까지 감당해 낼 자신이 없었다. 마음이 내키지 않았지만 급기야 태아와의 인연을 끊으려 병원을 찾아갔다. 그러나 뱃속의 아이가 이미 너무 자라 수술할 수 없어서 그냥 돌아와야 했으니 그 실망감이 오죽했으랴.

　그 후에도 엄마는 지인이 준 낙태하는 약에서부터 민간요법에 이르기까지 갖은 방법으로 유산하려 했지만 살고 싶은 본능에 충실한 태아를 결코 떼어 낼 수 없었다.

엄마는 뱃속의 아이가 점점 커 가는 게 부담스러워 높은 계단을 찾아다녔다. 그러다 어느 동네에서 높은 계단을 발견하곤 석양이 지평선 밑으로 사라진 후에 찾아가 사람이 지나가지 않을 때를 기다렸다가 계단 꼭대기에서 굴렀다. 그렇게 계단 구르기를 여러 번 해서 온몸은 멍과 상처투성이로 성한 곳 없이 만신창이가 되었지만 뱃속의 아이는 생명의 도리를 다하듯 자궁 속에서 무럭무럭 자랐다.

얼마나 아이를 지우고 싶었으면 그랬을까. 그만큼 절박한 처지였을까. 그 마음이 이해되면서도 엄마에게 그 얘기를 들을 때 가슴에 희미한 반점들이 생겨나는 것 같았다.

엄마는 그날 밤 만신창이가 된 몸으로 무슨 생각을 하셨을까? 뱃속의 아이가 그대로 있다는 절망감이 얼마나 컸으면 스스로 온몸에 상처를 입히면서까지 그 모진 고통을 겪었을까. 아니, 내가 살아 있다는 걸 다행이라고 해야 하나. 복잡하고 미묘한 감정들이 가슴에 비가 되어 내렸다.

그 이야기를 들으며 할 말을 잃은 채 엄마를 바라보기만 했다. 가슴이 아파 차마 말이 나오지 않았다. 자식을 죽여야 하는 그 심정이 오죽했을까. 엄마는 그때의 얘기를 들려주시며 눈물을 펑펑 쏟았다. 나는 속이 상하고 가슴이 아팠지만 울고 싶지 않았다. 그저 가슴을 지우고 싶었을 뿐이었다.

40주를 채우고 나는 결국 태어났다. 내가 태어나던 날도 나는 축복받지 못했다. 엄마는 돈이 없어 병원에 가지 못해 집에서 낳기로 결심하고 큰고모에게 아이를 받아 달라고 부탁했는데, 세상 구경을 하고 싶어 태어난 내가 언짢았는지 큰고모는 내 엉덩이를 세차게 때리면서 없는 집에 애는 왜 자꾸 낳느냐며 엄마와 나를 구박하셨다.

 엄마는 해산의 고통이 채 가라앉기도 전에 죄 없는 갓난아이가 제 큰고모에게 맞는 것을 보고도 아무 말도 못 하는 자신의 처지가 한심해 눈물만 흘렸다고 했다.

 그래서인지 엄마는 나를 애지중지하셨다. 조금만 아프거나 다치기라도 하면 자신의 탓인 듯 속상해하며 애간장을 태웠다. 또래보다 유독 작은 나는 병치레가 많았다. 그때마다 엄마는 자책하며 힘들어하셨다. 어릴 적 그런 엄마의 모습은 나를 더 버릇없는 아이로 만들었다. 하지만 엄마는 내가 응석을 부려도 모두 받아 주셨다.

 엄마는 자주 내가 아픈 손가락이라고 했다. 그런 말을 들을 때마다 왠지 모르게 화가 나고 착잡하고 우울했다. 그동안 나를 키우며 그렇게 애지중지하고 살갑게 대한 이유가 그래서였다니. 아무리 생각해도 그런 엄마의 마음이 이해되지 않았다. 그렇지만 그때 엄마 탓이라고 말할 수도 없었다.

마음이 아프기만 했다. 괜찮다고 말해 주었다면 좋았을 텐데 나는 너그럽지 못한 자식이었나 보다. 그때 괜찮다고 말해 주지 못해 끝내 마음 한편에 돌덩이를 매달아 놓았다.

오냐오냐하며 예뻐했던 막내딸이 말을 듣지 않거나 속을 썩이면 가끔 엄마가 화가 나서 하던 충고가 있었다.
"너도 나중에 꼭 너 같은 딸 낳아서 키워 봐라. 그러면 이 어미 마음 알 것이다."
그 말을 들을 때마다 내가 잘못했다는 것을 알면서도 왠지 기분이 나빴다.
그런데 엄마! 어떡하지? 나는 엄마처럼 딸을 낳지 못했으니….
엄마는 늘 내 걱정뿐이었다. 비가 오거나 눈이 내리면 우산을 들고 바람이 불면 겉옷을 가지고 나와 버스 정류장에서 늦게 오는 나를 기다리곤 했다.
나는 그런 날들이면 나를 기다려 주던 엄마의 모습이 문득문득 떠오른다.

그때 엄마를 더 넓은 가슴으로 이해하고 말씀을 귀 기울여 들어 주었다면 좋았을 것을. 엄마가 없는 지금 아쉬운 마음뿐이다.

늦었지만 엄마, 미안해요. 그리고 사랑해요, 고마워요.

엄마는 평소 우리에게 죽을 때까지 철들지 말고 인생을 즐기며 살라고 하셨지만, 바람의 나이에 이르러서야 철이 드는가 보다. 지금 내 나이가 그 시절 곤궁히 살던 엄마의 나이가 되어 보니 이제야 엄마의 사랑과 마음을 이해하는 듯하다.

어부바

 어릴 적 바쁜 부모님을 대신해 나랑 여섯 살 차이가 나는 작은언니가 나를 업어 키웠다. 어느 날은 집에 돌볼 사람이 없어서 나를 업고 학교에 간 적도 있었다.
 그런 얘기를 들을 때면 그것이 정말 가능한 일인지, 나 같으면 그렇게 할 수 있을지 상상할 수가 없다. 어떻든 내 의지와 상관없이 작은언니에게 폐를 끼친 막냇동생이 되었다. 마음이 편하지 않았다. 미안함과 고마움이 뒤섞여 미묘한 감정을 만들어 냈다.

 나랑 열 살 차이가 나는 큰언니는 학교가 끝나도 나를 돌봐야 했다. 친구들과 놀고 싶으면 나를 업고 나가기도 했다. 친구들과 고무줄놀이를 할 때면 나를 업은 채 뛰기도 했다. 그 모습을 지나가던 어르신들이 발견하기라도 하면 그러다 애 잘못된다며 혼을 내시곤 했다.

그러고 보니 내가 유독 키가 작은 이유가 그 때문이 아니었을까 하는 생각마저 들었다.

어쨌든 키야 좀 작으면 어떠한가. 나를 그렇게 잘 키워 준 언니들 덕분에 지금의 내가 있는 것이 아닌가. 그때 언니들의 희생이 없었다면 어엿한 나도 없었을 것이다.

엄마의 발목

 좁디좁은 방 한 칸에서 일곱 식구가 살았다. 내 방을 갖는 게 꿈이었던 가난한 어린 시절의 추억은 그래도 돈으로도 살 수 없는 소중한 기억이다.

 엄마는 생선 장사, 농사일, 공장 일 등을 하러 다니면서도 다섯 남매의 양육은 물론 집안일까지 도맡아 했다. 아빠는 목장 일로 늘 바빠서 엄마를 도울 시간이 없었지만, 엄마가 일하러 가는 때 외에는 외출하는 걸 싫어했다. 그런 까닭에 엄마는 친구도 편히 만날 수 없어 홀로이 외로움에 젖어 가정이란 울타리 속에 갇혀 지냈다. 화창하고 푸르른 날이면 가끔 하늘을 쳐다보면서 땅이 꺼져라 한숨짓는 엄마를 볼라치면 얼굴은 온통 잿빛으로 흐려진 채 금방이라도 울분과 탄식을 쏟아 낼 것 같은 어두운 그림자가 언뜻언뜻 스치고 지나갔다. 그런 엄마를 볼 때마다 나의 잠재의식 속에는 어쩌면 어린 우리 다섯 남매를 버리고 도망갈지도 모른다는 불안감이 슬며시 솟구치곤 했다.

아빠는 밤 아홉 시만 되면 집 안의 모든 불을 끄게 했다. 새벽 네 시에 출근하는 아빠 일정표에 맞춰 가족 모두가 무조건 자야 하는 것이었다.
이날도 시침이 정서방을 향하자 소등하고 우리는 하나둘씩 잠들었다. 시간이 흐를수록 저마다 꿈나라에 빠져들어 잠꼬대도 하고 코도 골며 세상 부러울 것 없는 곤한 잠에 취해 있었다.
그때 어디선가 부스럭거리며 일어나는 소리가 들려 문득 잠에서 깨어났다. 나는 못 들은 척하고 도로 두 눈을 감았다. 자는 척을 했는지 그루잠을 잔 것인지 모르지만 누군가 내 머리를 쓰다듬는 손길이 느껴졌다. 게슴츠레 눈을 뜨니 방바닥에 분홍색 보따리가 놓여 있는 게 보였다. 보따리로 보아 엄마가 집을 나가려는 것 같았다. 큰 바위가 가슴을 내리누르는지 갑자기 숨을 쉴 수 없었다. 나는 눈을 왕방울만 하게 키우고 엄마를 올려다보았다. 엄마의 슬픈 얼굴에서는 눈물이 마구 흘러내렸다. 내 작은 머리를 쓰다듬으며 울고 있던 엄마는 뚫어지게 쳐다보는 나를 보더니 소스라치게 놀라 그 자리에 털썩 주저앉고 말았다. 나는 엄마에게 속삭이듯 이렇게 말했다.

"엄마, 갈라면 나도 데리고 가."

나는 가난한 것도 싫었지만 엄마 없이는 도저히 살 수 없다는 걸 알고 있기에 애원한 것이다. 내가 가여웠는지 엄마는 눈물을 급히 닦으시곤 분홍색 보따리를 장롱 속에 숨겼다. 그러곤 아무 일도 없었다는 듯 자리로 돌아가 되누우셨다.

어린 나는 그날을 잊을 수가 없었다. 엄마가 또 도망가려고 하면 어쩌나 하는 불안한 마음에 한동안 깊은 잠을 잘 수 없었다. 밤이 되면 엄마에게 신경을 쓰느라 잠을 설치곤 했다. 엄마는 그런 나를 안쓰러워하며 품에 안고 등을 긁어 주기도 하고 자장가를 부르듯 어깨를 토닥토닥 두드려 주기도 했다. 그런데 철이 없던 나는 엄마가 등을 긁어 주다가 잠이 들기라도 하면 심술부리듯 엄마를 툭툭 건드려 다시 등을 긁게 했다. 그렇게 엄마의 손길을 느껴야 잠을 잘 수 있었다. 내가 아무리 귀찮게 해도 엄마는 결코 혼내거나 싫은 내색 없이 잠결이라도 품어 주셨다. 등을 긁어 주는 엄마의 손은 언제나 거칠었다. 온갖 일을 했으니 손인들 성할까. 굵고

갈라진 손으로 내 여린 등을 긁을 때면 마치 밤송이가 지나가는 것처럼 따끔거렸지만, 엄마의 손은 세상에 어느 것도 대신할 수 없는 소중한 약손이었다.

  그날 이후 엄마는 단 한 번도 집을 나가려 한다거나 외박조차 하지 않으셨다. 오로지 집안일과 자녀 양육에 발목을 잡힌 데다 아빠를 뒷바라지하느라 평생을 희생하며 살았다. 오늘날 우리 다섯 남매가 잘 살 수 있는 것도 여자라는 이름을 잃어버린 엄마가 베푼 희생의 대가이리라.

  엄마는 아무리 힘들어도 자식들 밥은 제때 차려 주셨다. 밥이 보약이라고 하시며 주시던 그것은 한결같이 꿀맛이었다. 나는 그런 엄마의 밥을 평생 먹을 줄 알았다. 몸이 약한 나에게 밥 한 숟갈이라도 더 먹이려 "막내야, 밥 먹어야지" 하시던 그 말씀이 그때는 잔소리로 들렸는데 지나고 보니 내리사랑인 애틋한 모정이었음을 깨닫는다.

  삶에 지쳐 우시는 엄마의 뒷모습을 가끔 볼 때마다 내 어린 가슴이 아프곤 했다. 그날 내가 잡아 둔 발목이 엄마를 평생 힘들게 한 것인지, 내 행복을 위한 것이었는지 몰라도 엄마는 분명 내게 말씀하셨다. 그날 네가 잡아 준 덕분에 내 인생이 행복했노라고, 네가 아니었으면 나는 되돌릴 수 없는 불행에 빠져 평생을 후회하며 살았을 것이라고.

엄마가 해 주시는 세상에서 제일 맛있는 밥을 이제는 더 이상 먹을 수 없다는 것이 말로 다할 수 없을 만큼 슬프게 한다. 그러나 영원히 기억할 것이다. 엄마가 등을 긁어 주던 까칠하지만 포근했던 손길을.

엄마가 돌아가시기 전 내 기억 속 엄마의 모습은 평온 그 자체이다. 나는 결코 엄마의 발목이 아닌 엄마의 행복을 잡은 것으로 영원히 기억하고 싶다.

빨간 대야와 돌팔매

엄마는 아침이면 커다란 빨간 대야를 머리에 이고 어디론가 급히 나가시곤 했다. 그리고 늦은 오후가 되어 돌아오시면 그 빨간 대야는 텅 빈 상태였다.

어느 날엔가 어린 나는 그 빨간 대야 안에 무엇이 들어 있는지 궁금해졌다. 도대체 무엇이 있길래 아침이면 엄마는 그리 나를 버려두고 어디로 가시는 것인지 확인해 보고 싶었다.

이날도 엄마는 빨간 대야를 머리에 이고 나갈 채비를 하셨다. 그래서 나는 엄마를 몰래 뒤쫓아 가려고 숨어 있었다.

엄마가 나가시길래 몇 발자국 떨어져 뒤밟아 보았다. 엄마는 내가 뒤를 쫓는 것을 전혀 눈치채지 못하는 듯했다.

한참 엄마의 뒤를 따라가다 뒤돌아보니 집이 멀어져 겁이 덜컥 났다. 집으로 돌아가기에도 엄마를 뒤따르는 것을 포기하기에도 이미 늦은 것 같았다. 그렇게 고민하던 중에 다리 사이로 무언가 휙 지나가는 것이 보였다. 그리고 아픔이 느껴졌다. 엄마가 나에게 돌멩이를 던진 것이었다. 곧 엄마의 호통이 들려왔다.

"안 가? 어디까지 따라오게?"

나는 이때까지 그렇게 화가 난 엄마를 본 적이 없었다.

엄마는 이내 두 번째 던질 돌멩이를 찾으셨다.

"가! 빨리 집에 가라고!"

억울하고 서러웠지만 엄마가 던질 두 번째 돌멩이도 엄마의 호통도 무서워 그 자리에서 뒤돌아서 발걸음을 옮겼다. 그러곤 생각했다.

내가 도대체 무엇을 잘못해서 돌멩이에 맞아야 하는 것인지, 엄마는 왜 이리 화가 난 것인지? 빨간 대야 안에 무엇이 있고 어디에 가시는지 궁금해서 뒤따른 것뿐인데 그게 그렇게 엄마가 내게 돌팔매질하고 내가 돌멩이에 맞아야 할 일인가?

성인이 된 후 엄마와의 우연한 대화를 통해 그것이 나에게보다는 엄마에게 더 아픈 기억이라는 걸 알게 되었다.

그 빨간 대야 안에는 생선이 들어 있었다고 한다. 엄마는 아침이면 전날 사 온 생선을 마을 곳곳으로 몇 킬로씩 걸어서 팔러 다니고 있었던 것이다. 엄마는 대여섯 살이었던 나를 데리고 생선을 팔러 다닐 수는 없어서 혼자 둘 수밖에 없었던 것이다.

그날 엄마는 내가 따라온 걸 알고는 화가 나면서도 가슴이 아팠지만 빨리 팔지 않으면 생선이 다 상할 것 같아 돌려보낼 수밖에 없었던 것이다.

이러지도 저러지도 못하는 엄마의 심정이야말로 진정한 아픔이었지만 그때엔 알 수 없었다.

그 사연을 듣고 그동안 내 상처로 알았던 지난 그 아픔은 눈 녹듯 사라졌지만 나보다 더 아팠을 엄마를 생각하니 가슴이 먹먹했다.

아궁이

어릴 적에 아궁이가 있는 집에서 살았다. 겨울철이면 작은오빠와 아궁이에 불을 지필 솔방울을 주우러 다니곤 했었다.

저녁이 되면 엄마는 아궁이에 불을 지펴 옹기종기 모여 잠을 자던 방 한 칸을 따뜻하게 데웠는데, 아궁이와 제일 가까운 아랫목은 얼마나 뜨거운지 장판이 검누렇게 그을렸다.

장작이 어느 정도 타들어 가고 숯이 되어 나오면 그 숯에 고구마를 묻어 굽곤 했는데, 그 군고구마 맛은 그 무엇과도 비교할 수 없는 맛이었다.

어느 날 집 안에서 큰 싸움이 벌어졌다. 큰언니와 작은언니의 싸움이었다.

물불을 가리지 않는 싸움은 엄마가 일을 마치고 집에 돌아와 한참을 말려서야 끝이 났다.

그렇지만 분주한 아침이 돌아오자 갑자기 큰언니의 화난 목소리가 들려왔다. 큰언니는 점점 더 화가 치밀어 고래고래 고함을 질렀다.

"내 신발 어디 있어? 누구야? 내 신발 누가 숨겼냐고?"

큰언니가 노발대발하자 더는 모르쇠를 잡을 수 없었는지 작은언니가 실토했다.

"아궁이에 잘 숨겨 뒀어."

큰언니는 곧장 아궁이로 달려갔다. 그러나 신발은 찾을 수 없었다. 큰언니의 신발은 어젯밤에 이미 재가 된 상태였다.

작은언니는 어제 싸우고 나서 홧김에 큰언니의 신발을 아궁이에 집어넣은 것이었다. 그때에는 아궁이에 불이 꺼져 있었기에 신발을 숨겼다가 불을 지피기 전에 꺼내면 될 거로 생각했던 것인데 자신도 그만 그 사실을 깜박 잊어버렸다고 했다.

우리 집은 찢어지게 가난해서 큰언니는 그 신발 없이는 학교에 신고 갈 다른 신도 없었다. 이날 큰언니가 서럽게 우는 소리가 오랫동안 공중에서 맴을 돌았다.

쑥개떡

 4월이 되면 엄마와 나는 빨간 소쿠리를 하나씩 들고 들로 나갔다. 봄에만 해 먹을 수 있는 쑥개떡을 만들기 위해서였다. 엄마는 내 손을 잡고 다니며 무엇을 캐야 하는지, 무엇을 캐면 안 되는지를 자세히 설명해 주셨다. 그런 엄마가 좋아 번번이 아는 식물도 모르는 척하고 들고 가 "엄마, 이건 먹을 수 있어?" 하고 물어보았다. 엄마는 똑같은 질문에 귀찮아하지 않고 웃으며 자상하게 대답해 주시곤 했다. 그렇게 왔다 갔다 하는 내 소쿠리 안에서 쑥은 바닥 신세를 면하지 못했지만 엄마의 소쿠리에는 그새 가족들을 맛있게 먹일 쑥이 가득 쌓여 갔다.

그렇게 엄마와 단둘이 데이트를 끝내고 집으로 돌아오면 엄마는 마당에 앉아 그 쑥들을 다듬고 씻어 저녁밥과 함께 쑥개떡을 하셨다. 식구들은 그날이면 쑥개떡을 먹을 기대에 들떠 신이 나 있었다. 사실 나는 그 쑥개떡을 그리 좋아하지 않았었다. 쑥의 냄새가 너무 진하기 때문이었다. 언니, 오빠들은 쑥개떡을 맛있게 먹었지만 나는 먹는 둥 마는 둥 했다. 그것보다는 엄마와 함께 쑥을 캐던 시간이 더 좋았던 듯했다.

그때로 돌아가 그 쑥개떡의 맛을 다시 본다면 그제야 그 맛을 제대로 느낄 수 있을 거 같다.

칼국수

　아빠가 비가 오나 눈이 오나 단 하루도 쉬지 않고 목장에서 일을 하시고서 받는 급여는 우리 일곱 식구 한 달 생활비를 충당하기엔 턱없이 부족한 금액이었다.

　엄마는 그달에 생활비가 달랑달랑하면 밀가루 음식을 저녁 식탁에 차려 주시곤 했는데 그 대표적인 것이 칼국수나 수제비였다.

　나는 자주 먹는 칼국수도 수제비도 싫었다. 우리 집에서 칼국수를 끓일 때에 옆집인 미옥이네 집에서 라면을 끓이는 냄새가 솔솔 풍기면 부러웠다.

　엄마는 칼국수를 먹지 않는 나를 위해 그 음식을 만들 때면 감자를 넣어 요리해 주셨다. 그릇에 담을 때엔 칼국수 대신 감자라도 먹이려고 그것을 잔뜩 골라 담아 주셨다.

그 시절에 생활비가 부족해서 저녁으로 칼국수를 먹는다는 걸 몰랐지만 언니, 오빠들은 알고 있었을 것이다. 철부지인 나만 빼고 칼국수를 자주 해 준다고 투정을 부리거나 화를 내는 이는 없었다. 언니, 오빠들은 그마저도 한 그릇 더 먹으려고 해서 엄마를 기쁘게 해 주었었다.

닭 가슴살과 닭 다리

어릴 적 내가 제일 사랑받고 있다는 생각이 드는 날이 있었다. 아빠의 월급날인 매월 25일이었다. 작은 시골 마을에 오일장이 서는 날이기도 했다. 아빠는 그날이 돌아오면 직원들과 시장으로 가서 1, 2차에 걸쳐 거하게 술을 드시고는 막차를 타고 통닭 한 마리를 손에 들고서 비틀거리며 들어오셨다.

우린 솔직히 그날엔 아빠가 기다려졌다기보다는 통닭이 기다려졌다.

어린 나에게 아홉 시가 넘어서야 들어오시는 아빠를 기다리는 것이 그리 쉬운 일은 아니었다. 매일 아홉 시면 모든 불을 끄고 자던 습관이 있어서인지 그 시간이 지나면 꾸벅꾸벅 졸았다. 그래도 내가 제일 사랑받는다고 느끼는 날이기에 아무리 졸려도 이를 악물고 버텨 냈다. 아빠는 거의 열 시가 다 되어 도착하셨다.

다섯 남매는 방 한가운데 모여 아빠가 통닭을 나누어 주길 기다렸다. 순서를 기다려야 했다. 아빠는 마지막으로 나에게 제일 큰 부위를 주셨는데 닭 가슴살이었다.

나는 항상 그 부위를 챙겨 주는 아빠가 고마웠다. 닭 다리나 다른 부위는 먹어 본 적도 없는 탓에 닭 가슴살이 젤 맛있는 줄 알았다. 닭 다리는 언제나 큰오빠와 작은오빠의 손에 들려 있었다. 닭 가슴살에 비해 작은 사이즈라 그리 탐나지는 않았다.

성인이 된 후 엄마에게 뭐 드시고 싶으냐고 물어볼 때 종종 양념통닭이라고 한 걸 보면 어쩜 엄마는 그때에 못 드신 한이 남아 있어서 그랬는지도 모른다. 우리 남매가 통닭을 먹을 때 엄마가 드시는 모습을 본 적이 없다. 누군가 엄마에게 자신의 것을 나눠 주었다면 좋았을 것을. 아쉬움만 남았을 뿐이다. 퍽퍽한 닭 가슴살이라도 엄마와 나눠 먹었다면 좀 더 행복한 기억으로 남아 있지 않았을까 싶다.

우리들이 다 먹을 때까지 아빤 목뼈 외에 다른 부위는 드시지 않았었다.

그것들이 아마 다섯 남매에 대한 아빠, 엄마의 사랑 방식이었던 듯하다.

두 오빠가 왜 내 것을 안 뺏어 먹었는지 알기까지 오랜 시간이 걸렸다.
남자 친구와 처음으로 둘이 치킨을 먹는데 그가 나를 유심히 보더니 물었다.
"자기는 왜 닭 가슴살만 먹어? 맛없게."
그러면서 닭 다리를 집어 주는 것이었다.
"왜? 닭 가슴살이 제일 크고 맛있는 거 아니야?"
남자 친구는 야릇한 미소를 지었다.
나는 의아해하며 닭 다리를 처음 먹어 보았는데 갑자기 화가 났다. 내가 지금껏 먹던 닭 가슴살과 비할 바가 아니었다.
아빠에게 긴 세월 동안 속은 것은 억울하지만 그것 또한 아빠의 사랑이었음을 믿어 의심치 않는다. 아무리 그렇다 해도 이제 닭 가슴살은 절대 먹고 싶지 않다. 닭 다리 맛을 알아 버렸기 때문이다. 치킨은 닭 다리다!

02

화성목장

외투

 석포초등학교에 입학해 보니 애들은 금세 친해지는 듯했는데 알고 보니 그런 게 아니라 걔들은 유치원 동기로 이미 나만 빼고 서로 친구였다. 부모님은 가정 형편 때문에 나를 유치원에 보내지 않으셨다. 그런 이유로 다른 애들과 달리 나는 초등학교에 입학해서야 친구들을 만날 수 있었다.

 처음 겪는 학교생활도 친구라는 존재도 낯설었다. 하지만 윗반에 작은언니와 작은오빠가 있으니 마음은 든든했다.

 유치원에서 2년 동안 한글을 배웠을 친구들을 금방 따라잡는다는 것이 그리 쉬운 일은 아니었다. 나는 매일 친구들이 그날의 과제를 다 끝내고 집으로 돌아갈 때도 홀로 남아 나머지 공부를 해야 했다.

 학교에서 집까지 한 시간은 걸어가야 하는데 1학년인 내가 혼자 갈 수 없기에 나와 세 살 터울인 작은오빠가 늦게까지 공부하는 나를 축구를 하며 기다려 주곤 했다. 한글 공부나 받아쓰기 등이 겨우 끝이 나 축 처진 어깨로 운동장에 있는 작은오빠에게 터벅터벅 걸어가면 그는 그런 내가 안쓰러운지 꼬질꼬질한 외투를 벗어 나에게 입혀 주고 자신은 오들오들 떨며 걷곤 했다.

 작은오빠가 떠는 모습이 안쓰러워 외투를 돌려줘도 그는 기어코 내게 다시 입혀 주었다.

짝꿍

초등학교 1학년 때 나를 너무 괴롭혀서 2학년에 올라가면 다시 짝꿍이 되지 않기를 바랐던 친구가 있었다. 그렇지만 키가 비슷해서 우린 또 짝꿍이 되고 말았고 그 친구의 괴롭힘의 수위는 갈수록 심해졌다.

책상 가운데에 금을 그어 놓고는 "야, 오늘부터 이 선 넘는 것은 서로 다 뺏기다"라는 것이다. 그러곤 조금이라도 그 선을 넘는 것이 있으면 지우개며 연필이며 인정사정없이 뺏어 갔다. 그 친구에게 간 지우개와 연필이 수없이 많아졌다. 그럴수록 나는 최대한 그 금을 넘어가지 않게 하기 위해 신경을 썼다. 그러다 보니 더 이상 지우개도 연필도 뺏기지 않앞고 그 친구는 나를 괴롭히지 못해 심심해하는 듯했다. 어느 날 괴롭힐 명분이 필요한 친구는 "야, 네 팔 선 넘었어. 그러니까 오늘부터 네 팔 내 것이야"라고 억지를 부렸다. 어이가 없었다.

중간고사를 치르고 난 어느 날 담임 선생님은 애들을 번호 순서대로 불러 점수를 알려 주셨다. 나는 공부를 잘 못하는 탓에 그리 긴장도 기대도 하지 않던 터였다.

항상 반에서 1, 2등을 하는 짝꿍은 자기 순서가 되자 기대에 찬 표정으로 교무실로 향했다.

그리고 얼마 지나지 않아 돌아왔는데 얼굴을 잔뜩 찌푸리고 앉더니 책상에 엎드려 엉엉 우는 것이었다. 매일 그리 괴롭히더니 쌤통이다 싶다가도 저리 우는 모습을 보니 왠지 안쓰러워 "기훈아, 왜 그래?" 하고 물어보았다. 그 친구는 눈물을 흘리며 "나 한 개 틀렸어"라고 대답했다. 겨우 한 개 갖고! 한 대 콕 쥐어박고 싶었다.

다리미

초등학교 2학년 때 한참을 밖에서 놀다 집으로 뛰어 들어와 보니 엄마가 방 한가운데서 식구들의 옷을 다림질하고 있었다. 순간 나는 엄마 등을 안고 싶은 충동이 들었다. 그래서 "엄마, 뭐 해?" 하며 엄마의 등을 덮쳤는데 내 갑작스러운 행동에 놀라서였는지 엄마가 다리미를 들며 쳐다보는 바람에 나는 뜨거운 다리미에 얼굴을 데이고 말았다. 결국 내 작은 얼굴엔 큰 삼각형 자국이 생기고 말았다.

엄마는 우네부네하는 나를 급히 병원으로 데리고 갔다. 작은 시골 마을의 병원에서 할 수 있는 일이라곤 빨간약을 바르고 얼굴을 붕대로 칭칭 감아 주는 것뿐이었다.

나는 집 안에 틀어박혀 누구도 만나지 않고 숨어 지냈다. 그 얼굴로는 학교에도 갈 수 없었다. 잠깐 바람을 쐬러 동네 놀이터에 나갔다가 철없는 꼬마들이라도 마주치면 걔들은 나를 쫓아다니며 괴물이라고 놀려 댔다. 그런 일이 반복될수록 더욱더 집 안에서만 생활하는 아이가 되어 갔다.

그렇게 얼마나 버텼을까? 한 달쯤 지났을까? 칭칭 감았던 붕대를 풀고 보니 내 얼굴에는 배가 정박했던 자국이 남아 있었다. 그 다리미 자국은 나를 소극적인 사람으로 만들기에 충분했다. 내 인생은 여기서 이렇게 끝나는 줄 알았다.

흉터를 가리기 위해 앞머리를 늘어뜨리고 다시 학교에 다녔다. 누군가 추한 몰골을 볼까 봐 늘 얼굴을 제대로 들지 못했다. 흉한 얼굴로 사람들 앞에 나설 엄두가 나지 않았다. '내 인생은 왜 이리 불행할까?'라고 비관할 정도로 서럽고 힘들었었다. 그 흉터로 인해 우울한 어린 시절을 보냈다. 이 흉터만 없었다면 얼마나 좋았을까? 마음 한편으론 늘 그 생각뿐이었다. 그 선명했던 다리미 자국은 나를 평생 따라다니며 괴롭힐 줄 알았다.

그런데 그 흉터가 언제 없어졌는지는 잘 모르겠지만 내 얼굴은 만우절처럼 말짱해졌다.

그때 일을 생각하면 끔찍하지만, 세상에 끝나지 않는 상처는 없는 것 같다는 교훈을 얻었다.

화성목장

화성목장은 가난한 사람이 많이 모이는 곳이었다. 주식회사 형태인 화성목장이 작은 방 한 칸을 내주기 때문이었다. 아빠들의 직급이 올라갈수록 방의 크기와 개수도 달라지는 시스템이었다. 그래서 아빠가 반장이 되면서 우리 가족은 두 칸짜리 방으로 옮겨졌다.

초등학교 4학년 때 목장에서 대여섯 친구와 숨바꼭질했다. 가위바위보로 술래를 정한 후 술래가 나무에 이마를 대고 두 손으로 눈을 가리고서 열을 세는 동안 친구들은 일제히 뛰어서 제각각 몸을 숨겼다.

나도 후다닥 뛰어 사료 창고로 들어갔다. 창고 안에는 사료 포대가 차곡차곡 쌓여 있었다. 이내 사료 포대 더미 위로 올라가 엎드리고 '나는 진짜 못 찾겠지' 하며 안심하고 있었다. 그런데 누군가 내가 들어온 문을 스르륵 닫는 소리가 들렸다. 졸지에 창고 안은 암흑으로 변했다. 나는 순간 이대로 있으면 큰일 날 것이라고 직감했다. 즉시 사료 포대 더미 위에서 내려와 반대쪽에 있는 뒷문으로 나가 부리나케 달아났다. 그런 중에 누군가 쫓아온다는 걸 눈치챌 수 있었다. 너무 무서워 다리가 풀려 넘어질 거 같았지만 죽을힘을 다해 집으로 뛰었다.

엄마는 새벽에 인부들 아침밥을 해 주는 일을 했었는데 다음 날 한 젊은 인부가 갑자기 일을 그만두겠다며 아침을 먹으러 나오지 않았다. 나는 그 인부가 나를 쫓아온 사람이라고 짐작했다. 하지만 아빠와 엄마에게 그 사실을 한마디도 꺼내지 않았다. 어차피 그 인부가 그만두는 마당에 워낙 바쁘신 부모님이 신경 쓰게 하고 싶지 않았다.

남학생의 고백

초등학교 5학년 때 애국 조회가 있는 월요일에 교장 선생님의 지루한 훈화가 끝나자 학생들은 종종걸음으로 각자의 반으로 향했다. 나는 학생들 사이로 터벅터벅 걸어가고 있었는데 한 남학생이 달려와 내 옆에 멈춰 섰다. 나는 의아해서 뭐지, 하고 고개를 돌려 보려는데 그 남학생이 내 볼에 기습 뽀뽀를 쪽 하고는 자신도 부끄러운지 후다닥 뛰어 계단을 올라갔다. 나는 당황스럽고 창피해 온몸이 마비되는 것 같아 그 자리에서 움직이지 못하고 멍하니 서 있다가 교실로 들어갔다. 그러자 누군가 그 현장을 목격했는지 애들이 "오"를 외치며 나를 놀려 댔다.

곧 수업이 시작되었지만 머릿속엔 온통 그 남학생 생각으로 선생님 말씀은 귀에 들어오지 않았다. 그 남학생은 한 학년 아래인 4학년이었다. 학교에서도 너무 잘생겼다고 소문이 나기도 했고 나랑은 말도 해 보지 않은 사이였기에 나에게 그런 행동을 한 게 신기했다. 사실 나도 그 남학생을 볼 때면 너무 잘생겼다고 생각하며 좋은 감정을 갖고 있던 터였지만 의아했다. 그런 남학생이 왜 내게 그런 뽀뽀를 했는지 도무지 연결 고리를 찾을 수가 없었다. 솔직히 한편으론 아, 나도 이제 드디어 남학생에게 고백을 받았구나, 하고 생각하며 설레고 좋았었다. 하지만 아쉽게도 그 남학생의 플러팅은 끝이었고 썸을 타지 못했다.

호랑이 굴

초등학교 5학년 겨울방학 때 엄마는 심심해하는 나에게 쪽지를 건넸다. 쪽지에는 나를 예뻐했던 셋째 고모네 주소가 적혀 있었다. 한 번도 혼자서는 멀리 가 본 적 없던 터라 겁부터 났지만 그리하기로 했다.

다음 날 엄마의 신신당부의 말씀을 들은 후 짐을 들고 역으로 가서 기차를 탔다.

몇 시간 후 전주역에 내려 보니 우리가 사는 화성도 시골이지만 셋째 고모네가 살고 있는 전주도 그런 듯했다.

이윽고 대로에서 쪽지에 쓰여 있는 대로 택시를 잡아탔다.

기사 아저씨에게 쪽지를 보여 주며 여기로 가 주세요, 라고 부탁하고는 이젠 안심이 되었는지 긴장이 풀렸다.

그런데 택시 안에 이상한 기운이 느껴졌다. 셋째 고모네 집에 도착할 시간이 한참 지난 것 같은데 택시는 계속 산속을 달리고 있었다.

그런 중에 기사 아저씨가 말을 걸어왔다.

"너, 남원 가 봤어?"

순간 등골이 오싹했지만 '호랑이 굴에 들어가도 정신만 차리면 살 수 있다'는 속담이 뇌리에 떠올랐다.

나는 '당황한 티를 내면 안 돼' 하며 최대한 태연한 척 "아니요"라고 대답했다.

그러자 택시 아저씨는 "그래? 그럼 아저씨랑 같이 남원에 가서 놀다 가지 않을래?" 하는 것이었다.

나는 또 최대한 당황한 티를 내지 않고 침착하게 답했다.

"아, 그런데 어떡해요? 아까 택시 탈 때 엄마한테 전화해 시방 택시 탄다고 해서 지금쯤 엄마가 고모네 집에 도착했다는 연락을 기다리고 있을 텐데요."

기사 아저씨는 당황한 표정으로 "너 전화했어?" 하시며 화를 내셨다. 그러곤 나를 어딘지도 모르는 산속에 내려놓고 도망치듯 가 버리셨다.

우여곡절을 겪었지만, 다행히 슬기롭게 대처한 덕분에 자칫 유괴나 납치를 당할 수 있는 위기를 모면하고 물어물어 무사히 셋째 고모네 집을 찾아갈 수 있었다.

일기장

 우리 학교는 전 학년을 통틀어 학생 수가 100명이 조금 넘었고 한 학년에 한 학급뿐이라 계속 같은 반에서 지내다 보니 학생들은 남녀 할 것 없이 가족 같았다.

 6학년 때에 담임은 아담하고 귀여운 젊은 여자 선생님이셨는데 모든 학생에게 평등하고 친절하게 대해 누구나 좋아했지만 특히 남학생들은 짝사랑하는 것 같았다.
 선생님은 우리에게 매일 일기를 쓰게 하셨는데 아침에 등교해 일기장을 교탁 위에 모아 두었다가 학교가 끝날 때 집에 가지고 가서 보면 일기장 안에는 꼭 그분의 따뜻한 글이

적혀 있었다.

그런데 어느 날 여학생들은 남학생들이 누구를 좋아하는지 궁금해졌다. 그래서 누군가가 남자애들 몰래 일기장을 훔쳐보는 작전을 벌이자는 제안을 했다.

점심시간에 아무것도 모르는 순진한 남자애들이 모두 도시락을 먹고 밖으로 나가 축구를 하자 여학생들은 그 작전을 감행했다.

교탁에 놓인 일기장들을 절대 손대면 안 될 것 같아 가슴이 떨리는데 누군가 이미 한 일기장을 읽으며 키득키득했다. 곧 다른 여자애들도 일기장을 훔쳐보았다.

불행히도 완전 범죄일 것 같았던 작전은 얼마 못 가 들키고 말았다. 축구하다가 교실로 들어오던 한 남자애가 일기장을 훔쳐보는 여자애들을 발견하자 소리를 지르며 운동장으로 뛰쳐나가 그 사실을 알렸다.

남자애들은 이내 여자애들에게 남자 대 여자의 패싸움을 신청했다. 뻔뻔함의 극치였던 여자애들은 일기장을 절대 보지 않았다며 당당해하고 무서워하지 않았다. 여자애는 열셋, 남자애는 여덟로 수로 보나 덩치로 보나 여자애들이 우세할 수밖에 없었다.

여자아이들은 자신 있게 도전에 응했다. 남자아이들은 돌멩이든 무엇이든 손에 잡히는 대로 던졌고 여자아이들도 그에 상응해 팔매질하며 항전했다.

 얼마 후 남자아이들은 봐 준 것인지, 진짜 여자아이들의 기세에 눌린 것인지 물러났고 우리들의 처음이자 마지막인 패싸움은 그렇게 끝이 나며 일기장에 달콤 살벌한 추억으로 남게 되었다.

짝사랑

 화성목장은 석포4리에 있었다. 버스에서 내려 산길을 따라 20분을 걸어 들어가야 나오는데 그 길을 혼자 걸어갈 때면 너무 무서워 머리끝이 쭈뼛쭈뼛 설 정도였다.
 엄마는 내가 화성중학교에 들어가고 나서는 막차로 늦을 때면 걱정이 되어 항상 마중을 나왔다. 그리 무섭던 산길도 엄마와 함께라면 전혀 무섭지 않았다.

 중학교 2학년 때 큰오빠의 친구였던 재영이라는 오빠를 좋아했다. 재영이 오빠는 대학생이었다. 오빠는 방학을 이용해 화성목장에서 아르바이트하고 있었다. 오빠는 목장 일이 끝나면 시내에 있는 집에 들러 볼일을 보고 아홉 시 막차를 타고 다시 목장으로 오곤 했다.

나는 그것을 알고 하교하면 오빠가 승차하는 버스 정류장에서 기다렸다가 함께 막차를 타고 목장으로 가곤 했다. 그런데 그때마다 방해꾼이 나타났다. 오빠와 둘만의 오붓한 시간을 상상하고 버스에서 내리면 어김없이 엄마가 마중을 나와 산통을 깼다. 엄마는 단 한 번도 오빠와의 그 시간을 용납하지 않으셨다.

어느 날 엄마에게 말했다.
"엄마, 오늘은 마중 나오지 마. 재영이 오빠 있으니까 같이 오면 돼."
"걔도 남자야. 안 돼!"
엄마는 냉정하게 딱 잘라 말했다. 그런 엄마가 야속하기만 했다.

학교가 끝나고 버스를 타기 위해 시내를 걷고 있었다. 그런 중에 뒤에서 누군가가 나를 부르는 것이다. 뒤돌아보니 뜻밖에 재영이 오빠였다. 막차 시간도 멀었는데 오빠가 나타나는 것이 신기했다. 반가움과 설렘으로 어찌할 바를 몰랐다.

오빠는 막차 시간도 많이 남았는데 자기 집이 이 근처이니 가서 놀다 가자고 했다.

나는 흔쾌히 오빠를 따라갔다. 그리 좋아하는 오빠의 집을 가 볼 수 있다니 기쁜 마음을 주체할 수 없었다.

집에 도착하자 오빠는 고등학교 때 밴드부를 했다며 자신의 방으로 안내했다. 그 방에는 많은 악기가 갖춰져 있었다. 그것만으로도 오빠가 더 멋지게 보였다.

오빠는 기타를 들고서 신청곡을 요청했다. 나는 이승철의 히트곡인 〈희야〉를 불러 달라고 했다. 오빠는 〈희야〉를 능숙한 연주와 함께 절창했다. 나는 오빠에게 더욱 반하고 말았다.

어느덧 종차 시간이 다 되어 오빠와 함께 버스 정류장으로 가서 막차를 타고 목장으로 향하는데 제발 오늘만큼은 엄마가 마중 나와 있지 않기를 간절히 바랐다. 오빠와 단둘이 오솔길을 걸어서 가고 싶었다.

그러나 목장 입구에서 내리자 어김없이 엄마가 "막내야!" 하고 부르는 소리가 들렸다.

어느 날 학교를 마치고 집에 들어서자 재영이 오빠의 신발과 낯선 여성 신발이 보였다. 왠지 사위스러워 소리가 나는 안방을 빠끔히 들여다보았다. 재영이 오빠가 웬 여자와 엄마, 아빠와 앉아 있었다.

아빠는 그런 나를 발견하고 손짓했다.

"막내야, 이리 와라. 재영이 오빠 여자 친구 왔다. 둘이 결혼한단다."

아빠의 말이 끝나기 무섭게 나는 두 손으로 얼굴을 감싸고 울며 뒤돌아서 집을 뛰쳐나갔다.

한참을 달려 옥수수밭으로 들어가 전봇대를 붙잡고 얼마나 울었는지 모른다.

묻지 마 폭행

 어릴 적부터 나에게는 '말이 없고 소극적이며 내성적인 학생'이라는 꼬리표가 따라다녔다. 그것은 나의 생활기록부에 적힌 담임 선생님의 소견이었다. 나는 그 소견이 너무 싫었다. 매 학년이 올라가면 그 이미지에서 벗어나려고 새로운 담임 선생님 앞에서 더 많이 웃고 말도 더 많이 하며 노력했지만 그 꼬리표를 쉽게 떼어 내지 못했다.

 나는 늘 고개를 푹 숙이고 다녔다. 사람들과 눈을 마주치는 것이 싫어서 열다섯 살이던 이날도 고개를 푹 숙이고 집을 향해 걷고 있었다. 그러다 잠깐 고개를 들었는데 한 남자가 다리를 절뚝이고 비틀대며 걸어오는 것이 보였다. 나는 무언가 느낌이 안 좋았지만 그렇다고 다시 돌아가기엔 다른 길이 없어서 그냥 신경 쓰지 않고 지나가기로 했다. 그런데 그 술에 취한 남자와 가까워진 순간 내 얼굴로 빠르게 주먹이 날아왔다. 그 취객은 생면부지의 나에게 무차별로 주먹을 휘둘렀다.

나는 경찰서가 코앞에 있는데도 불구하고 놀람과 두려움으로 경황이 없어 무작정 차도로 뛰어들어 달아났다.

그리고 집으로 들어와 이불을 뒤집어쓰고 누워 덜덜 떨었다. 그 후로 나는 오랫동안 트라우마에 시달려야 했다.

가출

화성목장을 떠나 우리 가족은 작은 방 두 칸짜리 전셋집으로 이사를 했다. 말이 방 두 칸이지 단칸방 가운데를 커튼으로 막아 둘로 나누었을 뿐이었다.

처음 도시로 온다는 것을 너무 기대했던 것인가. 이사한 수원 집을 보고 내가 이 집에서 살 수 있을지, 또 어떻게 남은 고등학교 2년을 버틸지 막막했다.

무엇보다 재래식 화장실이 충격적이었다. 비주얼과 악취로 인해 숨이 막혀 질식할 것 같았다.

나는 끔찍해서 죽어도 이 집에선 살 수 없다고 불평을 토하며 집을 나왔다. 엄마가 문밖을 나서려는 나를 쫓아오며

붙잡았지만, 그런 엄마를 끝내 뿌리치고 집을 나와 버렸다. 가출은 생각해 본 적도 실행해 본 적도 없지만 난생처음 집을 나가고 싶다는 생각이 들었었다. 그렇지만 갈 데가 없었다. 집에는 들어가고 싶지 않았다. 그저 공원 벤치에 앉아 시간 가는 줄 모르고 한탄만 했다.

엘리베이터

　작은언니는 중학교를 졸업하고 집안 형편을 고려해 서울에 있는 야간 고등학교로 진학했다. 그로 인해 작은언니와 처음으로 떨어지게 되었는데 나는 앞으로 힘들 작은언니보단 쓸쓸해질 내 걱정을 먼저 했다.
　낮엔 공장에서 일을 하고 밤엔 야간 수업을 들으며 힘들고 외로웠을 텐데 참 대견스럽게 느껴졌다. 그런 작은언니의 희생이 있었기에 내가 좀 더 편한 학창 시절을 보낼 수 있지 않았나 싶다.
　작은언니는 야간 고등학교를 졸업하고 어느 중소기업에 취직했다. 작은언니는 주말에 집에 올 때면 그 회사에서 간

식으로 나오는 초콜릿과 과자를 가져다주곤 했다. 그것은 어린 나에게는 작은 행복이기도 했다. 작은언니는 자신이 어릴 적 못 누린 것들을 마치 내게 해 주기라도 하듯 예쁜 옷이나 좋은 학용품과 가방을 사다 주기도 했다.

고등학교 2학년 때 수업을 거의 마칠 즈음에 담임 선생님께서 찾으셨다. 작은언니가 큰 사고를 당했다고 집에서 연락이 왔다며 빨리 가 보라는 것이었다. 어디를 얼마나 다쳤길래 학교에까지 연락이 왔는지 가슴이 내려앉았다.

곧바로 병원으로 달려갔다. 다행히 작은언니가 살아서 누워 있는 것을 보자 그것만으로도 안심이 되었다.

잠시 후 의사 선생님이 조용한 곳으로 가족들을 불러 작은언니의 상태를 일러 주셨다. 작은언니가 앞으로 걸을 수 있을지 없을지, 어떤 장애를 안고 살지 불확실하다고.

작은언니는 회사 4층에서 엘리베이터 공사 안내 표지판을 보지 못하고 발을 들였다가 추락했던 것이다.

엄마와 나는 다리에 힘이 풀려 주저앉고 말았다. 나는 작은언니가 평생 못 걸을 수도 있다는 것을 도저히 받아들일 수 없었다.

그것을 전혀 알지 못하는 작은언니는 침대에서 일어나려고 미친 듯이 발버둥을 쳤다. 그 모습을 보고 있으니 괴로워

병실 밖으로 뛰쳐나가 소리치며 펑펑 울었다. 그동안 보다 나은 삶을 위해 그토록 고생했는데 그런 꼴이 된다니 한스러웠다. 무슨 말들로 위로해 봐야 소용없을 것 같았다.

  작은언니가 그렇게 되고 나서 우리 가족의 삶도 달라졌다. 웃음기가 사라지고 우울한 시간을 보냈다.
  그런 중에 누군가 작은언니를 계속 돌봐야 했지만 부모님은 가정 형편상 직장을 그만둘 수 없었다. 나는 나라도 고등학교를 중퇴하고 작은언니 곁을 지켜야겠다는 생각까지 했다.
  그런데 작은언니의 남자 친구가 당연하다는 듯 회사를 그만두고 간병을 맡겠다는 확고한 의지를 보였다. 부모님은 자신들이 해야 하는 일을 대신하겠다는 그에게 고마움과 미안함에 고개를 숙였다.
  작은언니는 병원에서 4년이라는 긴 시간 동안 투병했다. 그리고 결국 역경을 딛고 이겨 냈다. 강한 정신력과 굳은 의지로 누가 봐도 그런 사고를 당한 사람이라고 믿기지 않을 정도로 재활해 인간 승리를 이루었다.

애꾸눈 선장

　화성여자상업고등학교 2학년 때 설악산에서 2박 3일간의 수학여행을 마치고 돌아가는 길이었다. 관광버스 안에는 친구들 중 누군가가 카세트테이프를 가져와 기사분께 건네드려 틀어 준 인기 팝송 뉴키즈 온 더 블록(New Kids On The Block)의 〈스텝 바이 스텝(Step By Step)〉이 흐르고 있었다.

　관광버스는 강원도의 고지대를 달리는 중이었는데 맨 뒤쪽에서 친한 친구가 앞자리에 앉아 있던 나를 불렀다.

　담임 선생님은 여독에 피곤이 쌓이고 돌아가는 길이라 긴장이 풀려 깊은 잠이 들었는지 우리가 자리를 이동하거나 일어나 춤을 추는 것에는 전혀 관심이 없으셨다.

나도 친한 친구와 같이 앉고 싶어서 부름에 응해 뒷자리로 이동했다. 나는 왜소한 탓에 친구의 무릎에 앉을 수 있었다. 친구와 나는 도란도란 즐겁게 수다를 떨며 시간이 가는 줄 몰랐다.

그런데 갑자기 내가 어디가 어떻게 다친 것인지 모른 채 바닥에 엎어져 있었다.

고갯마루를 넘을 때 관광버스는 다른 버스를 피하려고 급정거했는데 나는 그로 인해 몸이 앞으로 쏠리며 선반에 얼굴을 부딪치고 튕겨 나가 바닥에 엎어졌던 것이다. 평소에 장난치는 걸 좋아하는 내가 이번에도 연기하고 있는 줄 알고 친구들은 그만 일어나라며 웃고 있었다. 시간이 흘러도 일어나지 못하는 나를 이상하게 여긴 한 친구가 다가와 내 얼굴을 돌려 보고는 놀라서 소리쳤다. 나는 그 친구의 비명을 듣고서야 큰일 났다는 것을 직감했다.

내 얼굴은 피범벅이 되어 있었다.

다행히 다른 친구들은 괜찮았지만, 친구 무릎에 앉아 있던 탓에 나만 크게 다치는 사고를 당한 것이었다.

45명이 탄 관광버스는 급히 병원을 찾아갔고 나는 눈 주위와 코 부위에 찢어진 상처를 사선으로 꿰매는 수술을 받아야 했다. 행복하게 마무리했어야 할 수학여행은 악몽이 되고 말았다.

 졸업 후에도 그 꿰맨 자리들에 남은 열세 바늘구멍 자국은 아무리 짙은 화장을 해도 술만 마시면 그대로 드러나 친구들은 나에게 애꾸눈 선장이라는 별명을 지어 주었다.

아빠의 오지랖

고등학교 2학년 때 우리 친구들 사이에 아디다스와 나이키 가방이 한창 유행했지만 나는 가정 형편이 좋지 못했던 탓에 시장에서 산 싸구려 가방을 메고 다녔다.

그러던 어느 날 큰언니가 집에 들러 쇼핑백을 건네주는 것이었다. 그 안에는 아디다스 가방이 들어 있었다.

처음 생긴 메이커 가방이 너무 좋아서 매일 그 가방만 메고 학교에 다녔다. 친구들은 내 가방이 무척 이쁘다며 부러워했다. 은근히 뿌듯한 마음과 큰언니에 대한 고마운 마음이 어우러졌다.

어느 토요일에 학교가 끝나 집에 돌아오자마자 가방을 방에 던지고 친구들을 만나러 갔다. 그런데 한참 놀고서 집에 들어오니 가방이 보이지 않고 그 안에 들어 있던 책들과 학용품만 방 안에 놓여 있었다. 가방이 어디로 사라졌는지 당황스러워 멍하니 서 있었다.

얼마 후 술에 취해 기분이 좋으신 아빠가 흥얼흥얼 콧노래를 부르며 집으로 들어오셨다. 나는 혹시나 하는 마음에 아빠에게 물어보았다.

"아빠, 혹시 내 아디다스 가방 못 봤어?"

아빠는 머쓱해하며 대답하셨다.

"아, 그 가방 아빠가 친구랑 술 한잔하는데 그 친구 아들이 좋은 가방 사 달라고 조른다고 해서 선물로 갖다줬어."

나는 어이가 없고 화가 나서 소리를 버럭 질렀다.

"아, 아빠! 그 가방 내가 얼마나 애지중지하는 건데!"

평소에 남 주기를 좋아하는 아빠가 이제 내 가방까지 줄 줄은 꿈에도 몰랐다.

엄마의 집착

 나는 공부하란 소리는 들어본 적 없어도 일찍 들어오란 소리는 귀에 피가 나도록 들었다. 특별한 때를 제외하고는 일곱 시라는 엄격한 통금 시간을 지켜야 했다. 내가 조금만 늦거나 연락이 안 되기라도 하면 엄마는 불안하고 초조해하며 기다렸다. 엄마는 다른 자식들보다 유달리 나에게 더 집착했다.

 고등학교 2학년 때 친구의 소개로 만난 남학생과 사귀었다. 남자 친구와 데이트를 하기 위해서 나는 항상 도서관에 간다고 거짓말을 했기에 도서관 지정석 한 달 사용권을 끊을 정도였다.

 어느 날 엄마에게 또 거짓말을 하고 들키기라도 할까 봐 겁이 나 엄마가 쫓아오며 "막내야, 막내야" 하고 부르는 소리를 못 들은 척하고 버스에 후다닥 올라타 빈자리에 앉았다. 그리고 버스가 이내 출발해 엄마를 완벽하게 따돌린 거 같아 안도의 숨을 내쉬고 있는데 갑자기 버스가 급정차했다. 왠지 불길한 느낌이 들었다. 버스 뒷문이 열리고서 엄마가 "막내야. 막내야" 하고 불렀다. 그리고 엄마는 버스에 올라타 "막내야, 일찍 들어와라" 하며 외치시고 내리셨다. 어찌나 목소리가 크던지 버스 안은 웃음바다가 되었고 나는 쥐구멍에라도 숨고 싶은 심정이었다.

 엄마는 그 정도로 나를 괴롭혔다. 아니, 집착하고 사랑했다고 해야 할까. 엄마는 내가 세상에서 제일 이뻐 보인다고 하셨다. 때론 나를 날라리라고 부르셨다. 나는 결코 날라리가 아니었는데. 엄마 눈엔 내가 물가에 내놓은 천방지축 어린아이같이 보였던 모양이다. 그래서 엄마는 그런 나 때문에 늘 초조하고 불안해하셨다.

 엄마의 집착은 내가 결혼하고 두 아이의 엄마가 되었어도 계속되었다. 엄마는 사회와 남자에 대한 불신이 컸다.
 친정집에 갔다 돌아가는 날에는 엄마는 집에 잘 도착했다는 연락이 올 때까지 전화벨이 울리기를 기다리셨다. 그런 집착 때문에 나는 혹시 전화하는 것을 깜박할까 봐 시간을 계산해 미리 연락하는 버릇이 생겼다.

그런 엄마의 집착이 피곤하기도 하고 귀찮기도 했다.

하지만 엄마가 돌아가신 후 그런 집착이 사라져 견딜 수 없는 허전함을 느껴야 했다.

나는 아직도 늦거나 힘든 일이 생기면 무의식적으로 "아차, 큰일 났다. 엄마한테 전화 안 했다" 하며 놀라기도 한다. 그러곤 "아, 엄마 없지…, 엄마 돌아가셨지" 하며 눈물을 주르륵 흘리고 만다.

엄마는 왜 유독 내게 그런 많은 사랑을 주셔서 이렇게 힘들게 하는지 때론 엄마가 원망스럽기도 하다. 엄마의 사랑은 그 누구에게서도 채울 수 없는 사랑이라는 것을 알기까지 오랜 시간이 걸렸다. 엄마가 나를 걱정하고 집착했던 사랑을 이제야 알 거 같다. 그토록 나에 대한 엄마의 깊은 사랑을 영원히 가슴속에 간직하려 한다. 다시 받지 못할 엄마의 사랑이 그립다.

스웨터

　화성여상은 교칙이 엄격해 항상 긴장의 끈을 놓을 수 없었다. 특히 3학년 때 담임 선생님은 결석을 절대 용납하지 않으셨다.

　어느 날 몸에서 열이 나 약국에서 약을 사서 먹었지만 차도가 없었다. 오히려 일주일 가까이나 열이 났다. 그래도 버티며 학교에 다니다 결국 교실에서 고열로 쓰러지고 말았는데 얼마 후 눈앞에 반가운 사람이 보였다. 바쁜 부모님을 대신해 작은오빠가 데리러 온 것이었다.

　작은오빠는 나를 부축하고 밖으로 나가 오토바이 뒤에 태우고 병원으로 향했다.

병원에서 나는 급성 신우신염 진단을 받아 작은오빠는 나를 입원시키고 돌아갔다.
　다음 날 작은오빠는 종이 백 하나를 들고 병원으로 왔다. 작은오빠는 온화한 얼굴로 "야, 빨리 건강해져서 퇴원할 때 입어라" 하며 그것을 나에게 건넸다. 종이 백 안에는 예쁜 스웨터가 훈기를 발산하고 있었다.

딱풀의 힘

　중고등학교를 같이 다닌 영은 수업이 끝나는 종이 울리면 책상 속에서 딱풀과 성냥개비를 꺼냈다. 성냥골에 딱풀을 바르고 무꺼풀 눈두덩이에 풀질해 쌍꺼풀을 만드는 데 정성을 쏟았다. 그 모습이 신기해 매 쉬는 시간이면 힐끔힐끔했다. 영은 주변의 시선 따위는 전혀 의식하지 않고 쉬는 시간 10분을 온통 쌍꺼풀을 다시 만들고 재정비하는 일에 집중했다.

　영과 해후한 건 친구 아들의 돌잔치 자리에서였다. 우리는 회포를 풀고 며칠 후 커피숍에서 다시 만났다.

"미애야, 나 예전에 어땠어? 나 보니 뭐가 떠올라?"

영이 환하게 웃으며 물었다.

"당연히 딱풀이 생각나지. 너는 쉬는 시간마다 딱풀로 쌍꺼풀을 만들고 있었잖아."

영은 뜻밖의 말에 당황했는지 놀란 표정을 짓더니 이내 함박웃음을 웃으며 뿌듯한 표정으로 말했다.

"나 그 덕에 쌍꺼풀 생겼잖아."

진짜 영의 눈에는 자연스럽게 진하고 예쁜 쌍꺼풀이 생겨 있었다. 6년을 그리 정성 들여 딱풀을 바르더니. 정말 위대한 딱풀의 힘이 아닐 수 없다.

03
보금자리

대추나무

 수원 집 앞마당엔 대추나무 한 그루가 있었는데 가을이 되면 옆집에 사는 주인집 아주머니가 잘 익은 대추를 따기 위해 오셨다. 주인집 아주머니가 다녀간 뒤 대추나무에 대추가 모조리 없어진 걸 보면 야박하단 생각이 들었다. 까치밥이라는 것도 있는데 아무리 셋집이라고 해도 그깟 대추 하나쯤은 따 먹게 해도 되는 것 아닌가 싶었다. 자존심 때문일지, 주인이 그런 사람이어서인지 우리 가족은 아무도 대추를 따 먹거나 웬만하면 대추나무 근처에 얼씬거리지 않으려 했다.

어느 날 대추나무 근처에서 줄넘기하고 있었다. 그런데 눈앞에 커다랗고 잘 익은 대추 한 알이 탐스러웠다. 그 대추 하나 때문에 머릿속이 복잡해졌다. 저거 한 개 따 먹어도 될지 말아야 할지 갈등했다. 결국 나는 넘지 말아야 할 선을 넘고 말았다. 그때 주인집 2층에 있던 딸이 소리를 쳤다.

"아니, 아가씨. 남의 대추를 따면 어떻게 해요?"

나는 순간 화가 나고 자존심이 상해 맞받아쳤다.

"뭐라고?"

그러자 그 딸은 창문에서 사라져 버렸다.

나는 내가 왜 저 집 딸에게까지 이런 꼴을 당해야 하는지 울화가 터져 애먼 엄마에게 화풀이를 했다. 엄마는 당장이라도 주인집으로 달려갈 기세인 내가 불안해 옆에서 한시도 떨어지지 않았다. 나는 그런 엄마를 안심시키고 슈퍼로 가서 소주 한 병을 샀다.

집으로 돌아와서는 분에 겨워 소주 한 병을 벌컥벌컥 마셨다. 엄마는 그런 나를 보고 "미쳤어"라며 속상해하셨다. 그리고 "막내야, 엄마를 봐서 그만 화 좀 풀어라" 하며 달래셨다. 애태우고 있는 엄마가 안쓰러웠지만 한편으론 그런 엄마의 모습이 나를 더 화나게 했다.

나는 술기운이 확 올라와 엄마의 만류를 뿌리치고 주인집으로 달려가 발로 현관문을 마구 찼다.

"야! 너 빨리 나와! 나오라고! 안 나와?" 하며 고래고래 고함을 질러 댔다. 나는 제정신이 아닌 듯했다.

동네가 떠나갈 듯하자 주인집 아주머니와 엄마가 나를 말렸다.

주인집 딸은 술에 취한 내가 무서웠는지, 아니면 상대하기 싫었는지 끝내 나오지 않았다.

결국 그 딸 대신 주인집 아주머니가 내게 사과하고 나서야 나는 엄마 손에 끌려 집으로 돌아왔다.

다음 날 주인집 아주머니는 엄마에게 "그 집 막내딸 화나니까 진짜 무섭대"라며 혀를 내둘렀다. 그래도 주인집 아주머니는 젊으니 술에 취해 그럴 수 있다며 너그럽게 이해해 주셨다.

그날 이후로 나는 소주를 입에 대 본 적도 없다.

청소부

엄마, 아빠는 용역업체를 통해 삼성전자의 청소부로 일자리를 얻으셨다. 두 분은 늘 새벽에 함께 나가 일을 하고 퇴근도 같이하셨다.

나도 고등학교를 졸업하고 삼성전자에 들어갔다. 대학 진학을 포기하고 어려운 환경에서 빨리 벗어나 좀 더 나은 조건으로 변화시키고자 했던 것이다.

연수 기간 중 오전 교육이 끝나고 사내 식당에서 식사하고 있는데 익숙한 큰 목소리가 들렸다.

"얘야. 얘. 우리 집 막내."

아빠가 그 많은 사람 중에 나를 찾아내어 가리키며 같이 온 누군가에게 알려 주고 있었다. 아빠는 청소부 옷을 입고 있었다. 나는 창피해서 어디에라도 숨고 싶었다.

어느 날 동기 중 잘생긴 오빠와 우연히 만나 둘이 오붓하게 거닐었다. 가슴이 콩닥콩닥 뛰는 중에 또 익숙한 소리가 들렸다. 제발 환청이길 바랐지만, 앞에서 청소부 옷을 입은 아빠가 큰 소리로 어디 가냐며 묻고서 무안하게 그 오빠와 나를 번갈아 쳐다보고 있었다. 마치 무슨 죄인이 된 기분이었다. 이쯤 되니 아빠가 나를 미행이라도 하나 하는 생각마저 들었다.

다음 날 퇴근해 통근버스에 올라타자마자 익숙한 소리가 또 들렸다.
"막내야, 이리 와라."
맨 뒷자리에 엄마와 함께 앉아 계신 아빠가 나를 보자마자 반가워서 큰 소리로 부르는 것이었다.
통근버스는 수시로 다니는데 왜 하필 엄마, 아빠와 같은 통근버스에서 마주치는 것인지. 아빠의 큰 소리로 인한 사람들의 시선에 창피할 뿐이었다.

아빠는 부서에 딸 같은 직원이 있는데 자기를 아빠라고 부르며 애교도 많고 잘 대해 줘서 참 고맙고 예쁘다며 입이 마르도록 칭찬했다.

그런데 그 직원은 아빠가 추 씨인 걸 알게 되자 "아빠, 내 친구도 추 씨인데"라고 했고 아빠는 "그래? 내 딸 이름은 추미애인데"라고 했다. 그러자 그 직원은 "어, 내 친구 이름도 추미애인데"라고 했다. 그러곤 그 추미애가 같은 사람인 걸 알고는 서로 어리둥절해하고 신기해했다고 했다.

아빠가 돌아가신 날 초등학교 동창생인 그 친구가 슬퍼하며 장례식장에 왔다. 친구는 아빠는 누구보다 훌륭하고 좋은 사람이었다며 따뜻한 말을 전했다. 나는 그 친구가 고마울 따름이었다. 진짜 딸은 아빠를 창피하게 여겨 피하기 바빴는데 피 한 방울 안 섞인 그 친구는 아빠를 그렇게 존중하고 있었다니 나 자신이 부끄러웠다.

컴프레서

20대는 꽃다운 청춘이라지만 내게 그런 청춘은 없었다. 어른들이 자주 하는 먹고살기 바쁘다는 말을 나는 청춘기에 번번이 했다. 마음껏 친구를 만나지도 여행을 가지도 못하고 죽어라 일했다.

내 사정을 잘 이해하지 못하는 친구들은 서서히 멀어졌다. 나는 점점 혼자가 되어 갔다.

나름 곱게 자란 나는 사회생활을 한다는 것이, 또 돈을 번다는 것이 그렇게 힘들 줄은 생각도 못 했다. 삼성전자 생산직, 그것도 처음부터 3교대로 일하는 데 적응하기는 그리 쉽지 않았다.

내 직무는 에어컨 컴프레서를 조립하는 것이었다. 조립 과정 중에 불량이 나오면 그 부품을 라인에서 내려야 하는데 무게가 무려 40킬로가 넘었다. 작은 키에 마른 편이어서 그 무거운 컴프레서를 이를 악물고 내렸다. 특히 야근하는 날이면 온몸이 쑤시고 녹초가 되어 쓰러질 것 같았다.

쳇바퀴를 돌리는 다람쥐가 된 기분이었다. 매일 똑같이 반복되는 일에 지쳐 언제까지 이렇게 할 수 있을지 막막하기도 했다. 날마다 이 일을 그만두어야 하나 고민하기도 했지만 형편상 쉽게 그럴 수 없었다.

어느 날 마지막 통근버스를 타고 자정쯤 집 근처에서 내렸다. 그런데 그 앞엔 엄마가 졸린 눈을 비비며 기다리고 있었다. 엄마를 보자 눈시울이 뜨거워지고 컴프레서로 인해 쌓인 피로가 눈 녹듯이 사라졌다. 마치 핸드폰에 충전이 되듯 내 몸에 충전이 된 듯했다. 엄마의 따뜻한 마중은 나를 회복시키는 마중물이기도 했다.

가죽피리

3대 독자인 아빠는 나를 자신의 방식으로 무척이나 사랑하셨다. 언니, 오빠들에게는 절대로 주지 않고 나에게만 주는 것이 있었는데 그것으로 인해 나는 그러는 아빠가 너무 싫었고 다투기도 했다.

아빠는 어릴 적부터 사랑한다는 표현으로 방귀를 손으로 모아서도 주고 이불에 가둬서도 주고 무방비로도 주고 힘으로 억압해서도 주고 때론 아주 교묘하게 때론 아주 치사하게 언제 어디서든 주었다.

삼성전자에 입사하자마자 야간 근무를 하게 되어 체력적

인 부담이 컸는데 동기들은 힘들어서 계속 떠났지만 나는 감내해야 했다.

얼마 후에 회사 기숙사에서 지내게 되었는데, 어느 날 야간 근무를 마치고 집으로 갔다가 옷도 못 갈아입고 방바닥에 누워 잠이 들었다. 한데 잠결에 싸하고 더러운 느낌이 들어 깨어 보니 아빠가 방귀를 내 얼굴에 날리고 있는 중이었다. 아빠의 사랑이 최고조였는지 천둥과 같은 소리가 울렸다.

나는 어이가 없고 화가 나서 집을 나와 버렸다.

그러곤 근처에 작은 월세방을 얻어 중고 가전을 구입해 들여놓은 후 저녁에 다시 집에 들어갔다. 엄마에게 배고프다며 밥 달라고 하고서 아무렇지 않게 아빠와 단둘이 식탁에 앉아 말없이 저녁을 먹는데 아빠는 식사를 마치신 후 화해의 뜻으로 가장 큰 사랑 표현을 선물하곤 머쓱해하며 방으로 들어가셨다. 나도 미안했는지 아빠의 사랑 표현을 다 받아 주고 마저 먹었다.

아빠는 내가 저항하고 화를 낼 때 사랑스럽게 바라보았던 거 같다. 아빠는 그렇게 나를 화나게 해서 귀여운 막내딸이랑 놀고 싶었는지도 모르겠다. 아빠는 자식들과 소통할 줄도 애정 표현도 잘할 줄 몰랐지만 귀엽기만 한 막내딸에게 최고의 애정 표현을 하고 있었는지도 모르겠다.

효녀

직장 생활을 하며 매달 부모님께 용돈을 드렸다. 그럴 때마다 부모님은 여기저기 다니며 나를 효녀라고 입에 침이 마르도록 자랑했다.

그런데 그 용돈은 월급을 받으면 사고 싶은 거 다 사고 쓰고 싶은 거 다 쓰고 남은 돈으로 마치 생색이라도 내듯 드렸을 뿐이었다. 부모님은 그런 줄도 모르고 나를 기특해하셨다.

월급을 받으면 얼마씩 저축도 했다. 그리고 저축한 돈으로 부모님이 처음으로 빌라 3층 집으로 이사를 하게 했다. 부모님은 우리 막내딸이 집을 사 줬다며 친척들과 지인들에게 입이 닳도록 자랑했다.

  그런데 그리한 것은 자존심 때문이었다. 허름한 집에서 셋방살이를 하고 있다는 상한 자존심 때문에 집을 사 드린 것이다. 그런 나에게 사람들은 그 집 막내딸 효녀라며 입 모아 칭찬했다. 나도 그 장단에 맞추어 효녀가 된 기분이었다.

보금자리

 좋은 집은 아니었지만 부모님은 난생처음 가져 본 자신들의 집에 만족스러워하셨다. 큰마음을 먹고 열심히 일해 저축한 돈을 털어 사 드렸지만, 부모님이 행복해하는 모습을 볼 때면 정말 잘했다고 생각하며 뿌듯해했다.

 마지막으로 나까지 결혼해 식구가 불어난 마당에 명절에 사위에 며느리에 손주들까지 가족이 다 모이면 거실과 두 방에 빼곡히 들어차 발 디딜 틈도 없었지만, 대가족이 모일 수 있는 공간이 있다는 것만으로도 행복하고 감사한 마음이 들었다.

엄마는 대가족 식사 준비로 허리 한 번 펼 틈 없이 음식을 만드셨고 아빠는 쉴 틈 없이 막걸리를 마시며 웃음이 떠나질 않았다.
  그렇게 명절 분위기가 무르익어 갔지만 내가 속이 좁은 것인지 문득 기분이 상했다. 우리 가족은 나를 부모님 집도 장만해 주고 돈도 잘 쓰고 자금도 여유로운 사람으로 여겼던 터라 물질이든 선물이든 나만 빼고 챙기는 경우가 종종 있었다. 아마 무의식적으로 한 행동이라 본인들은 잘 모르는 나만 느끼는 것일지도 모른다.
  여러모로 스트레스가 쌓인 중에 엄마가 불난 집에 부채질하는 소리를 했다.
  "나중에 우리가 죽으면 이 집은 큰애한테 물려줘야지. 그래야 먹고살지."
  당황스러웠다. 내가 이 집을 사 줬지만 행여 돌려받겠다는 생각을 해 본 적은 없었다. 하지만 막상 엄마가 아무렇지 않게 더군다나 집을 사 준 나를 단 한 번도 생각지 않고 저런 말을 하니 서운한 감정이 물밀듯이 밀려왔다. 삼성전자를 다니면서 고생한 것이 결국 큰오빠를 위한 것이었나 하는 생각부터 나는 이 집에서 뭐지 하는 생각까지 별의별 생각이 다 들며 설움이 복받쳤다. 못 들은 척 화를 누르려 애를 썼지만 잘 되질 않았다. 결국 나는 욱해서 소리를 질러댔다.

"뭐데? 집은 내가 사 줬는데 왜 큰오빠한테 줘? 이 집구석은 그동안 나한테 해 준 게 뭐 있다고? 왜 그러는데?"

나는 엄마에게 하지 말아야 할 소리를 퍼붓고 만 것이다.

그렇지만 부모님도 언니, 오빠들도 쳐다만 볼 뿐 아무도 그만하라는 소리를 하지 못했다. 그러니 마음이 더 아팠다.

공원에 나가 벤치에 앉아 하염없이 탄식했다. 그런 중에 어느샌가 큰조카가 내 손을 잡고서 위로해 주었다.

"할머니 진짜 너무하시다. 그치? 이모."

큰조카의 천연덕스러운 말에 웃음이 났다.

나도 안다. 부모님의 큰아들에 대한 아픈 마음을 잘 알고 있다. 그렇기에 마음이 더더욱 아팠다.

04
은행

운명

 고등학교 2학년 때부터 나를 좋아하던 남자 친구는 내가 싫다고 도망가도 어느 순간에 다시 내 옆에 와 있었다.
 그런 과정을 겪으면서 나와 남자 친구는 부모님의 엄격한 감시를 무려 2년이나 피해 가며 교제하고 고등학교를 같이 졸업했다.
 그러나 내가 삼성전자에 입사하고 남자 친구가 군대에 입대하면서 나는 고무신을 거꾸로 신은 여자가 되었다. 삼성전자에 들어가 보니 정말 잘생기고 멋진…. 그렇게 되어 버렸다.
 남자 친구가 첫 휴가를 나온 날 단단히 각오하고 둘이 자주 가던 호프집으로 불러냈다. 남자 친구에게 최대한 못된 여자로 보이기 위해 웨이터에게 담배 한 갑을 시켰다.

웨이터가 담배를 사다 주자 불을 붙여 피웠다. 콜록콜록하며 처음 핀 티가 팍팍 났다. 이쯤 되면 정이 떨어졌겠지 싶어 단호하게 말했다.

"우리 헤어지자."

남자 친구는 한동안 말이 없었다.

"그래, 알았다."

그렇게 우린 끝이 났다.

그 친구가 군 복무를 하는 동안 나는 삼성전자에 함께 다니는 오빠와 연애했지만 결국은 헤어지게 되었다. 실연의 아픔은 매우 컸다.

그 아픔을 잊기 위해 일에 몰두하며 지내다 보니 어느덧 한 해의 마지막 날이 되었다.

주간조 일을 마치고 회사 동료들과 동해에서 해돋이를 보기 위해 부랴부랴 수원역으로 갔다. 그러나 기차표는 이미 매진되어 없었다.

우리는 아쉬운 마음에 수원역 건너편 로데오거리에 있는 호프집으로 갔다. 마지막 밤이라 그런지 젊은 사람들로 붐볐다.

우리는 자리를 잡고 앉아 생맥주와 몇 가지 안주를 시켜 먹었다. 그러면서 한참을 웃고 떠들며 즐기고 있는데 어디선가 익숙한 소리가 들리는 듯했다. 잘못 들은 건지 귀를 의심했지만 귀를 쫑긋 세워 다시 들어 봐도 분명 귀에 익은 소리였다. 그 소리가 나는 곳을 바라보았다. 그쪽도 내 소리가 들리는지 내 쪽을 바라보고 있었다. 우리는 눈이 마주쳤다. 그 친구였다. 군대에서 제대했는지 사복을 입고 있었다. 당황스럽고 어이가 없어서 탄식이 터져 나왔다.

그 친구도 일행과 동해로 해돋이를 보러 가기 위해 수원역으로 왔다가 기차표가 매진되어 이곳에서 술을 마시고 있었던 것이다. 거기엔 내가 다 아는 고등학교 때 친구들이 모여 있었다.

나는 뜻하지 않게 그들과 합석하게 됐다. 그런데 누군가 짝짓기를 제안했고 그 친구와 내가 예전에 그렇고 그런 사이인 걸 다 아는 친구들은 어느새 우리 둘만 남겨 둔 채 모두 사라지고 없었다. 그것이 우리의 두 번째 연애의 계기가 되었다.

만취녀

스물다섯 살에 결혼한 후 처음으로 두 아이를 시어머니에게 맡기고 부부 모임에 참석했다.

나는 오랜만에 누리는 자유에 들떠 있었다. 잠깐 동안이나마 늘 아이들을 보살피며 지내던 굴레에서 벗어나니 짜릿한 해방감을 느꼈다.

신랑 친구들 부부와의 모임이지만 그 친구들 대부분이 고등학교 때부터 알고 지낸 지인들이라 부담이 없었다.

술을 잘 마시지 못하지만 든든한 남편이 옆에 있다는 것과 아이들이 시댁에 가 있다는 편한 마음이 더해져 술이 술술 들어갔다. 나는 결국 주량을 넘어 몸을 못 가눌 만큼 취하고 말았다. 내가 만취하자 신랑은 가자며 나를 데리고 집으로 향했다.

고주망태가 된 탓인지 집으로 가는 길이 멀게 느껴졌다. 모내기를 끝낸 논들의 파란 싹들이 나를 향해 돌진해 오는 듯했다. 그렇게 정신을 차리지 못하고 비틀비틀 걸으며 가는데 내가 위태로워 보였는지 신랑이 "자기야, 업혀" 하며 손을 내밀었다. 나는 안 취했다며 제대로 걷기 위해 안간힘을 썼다. 그런 내가 안쓰러웠는지 신랑이 내 팔을 붙잡았다. 나는 팔을 뿌리치며 "괜찮다고. 하나도 안 취했다고" 하며 논길을 막 뛰어 달려갔다. 논두렁이 눈앞에서 울퉁불퉁하며 왔다 갔다 했다. 하늘이 빙빙 도는 듯했다. 그 탓에 쭉 미끄러져 논바닥으로 굴러 대자로 눕고 말았다. 나는 이 상황이 너무 웃겨 깔깔거렸다. 그런 중에 신랑이 내 팔을 잡고 논바닥에서 끌어내리려고 애를 썼다.

그 덕분에 논바닥에서 간신히 나온 나는 "자기야, 나 너무 창피하니까 동네에 아무도 없는지 확인하고 집에 데리고 들어가"라며 신랑에게 부탁했다.

다음 날 아침 정신없이 자고 있는데 밖에서 요란한 소리가 들려왔다. 어제 그 논 쪽에서 아저씨가 화가 나서 뭐라고 소리치시는 듯했다. 순간 정신이 번쩍 들며 어제 무슨 일이 있었는지 곰곰이 생각해 보았다. 잘 기억나지는 않지만 어제의 상황들이 어렴풋이 떠올라 후다닥 3층 창문을 열고 슬며시 밖을 내려다보았다. 아저씨가 성질이 잔뜩 난 채 "아, 어떤 미친놈이 다 심어 놓은 모를 이렇게 망쳐 놓았어" 하시며 다시 모내기하고 계셨다. 나는 도둑이 제 발 저린 듯해 얼른 창문을 닫고 어제 무슨 일이 있었는지 다시 기억해 보았다. 띄엄띄엄 기억나는데 논바닥으로 미끄러진 일이 선명하게 떠올랐다. 아저씨께 너무 미안해서 쥐구멍에라도 숨고 싶었지만 그럴 수도 그게 나였다고 자백할 용기도 없었다.

오후가 되어 정신을 가다듬고 아이들을 데리러 가기 위해 밖으로 나왔다. 어제 일이 찔려서 주위를 두리번거리며 걸었다. 그런 중에 마을에서 제일 말이 많기로 소문난 아주머니와 마주쳤다. 나는 피곤하고 성가셔서 그냥 지나가려는데 수다스러운 아주머니가 내 팔을 잡으며 말을 걸었다.

"현중아, 어제 일 들었어?"

"네? 뭐요?"

나는 시치미를 뚝 떼고 되물었다.

"어제 글쎄 1층에 사는 술집에 다니는 여자 있잖아, 그 여자가 만취해서 논바닥으로 굴러떨어졌대. 그래서 그 논 주인아저씨가 오늘 엄청 화를 내며 다시 모내기하고 난리였잖아."

　나는 모른 척 "아? 진짜요?" 하고 말았다. 그건 분명 나였는데 1층 여자라니….

만우절

　두 살 터울이지만 연년생 같은 두 사내아이와 가부장적인 남편 사이에서 엄마이자 아내로서 산다는 것이 그리 쉽지는 않았다.

　작은 목소리로는 엄마를 쳐다보는 아들들이거나 아내를 바라보는 남편이 아니었다. 목소리는 매일 커졌고 결국 무리한 큰 목소리로 인해 성대결절을 앓아 아가씨 때의 고운 목소리를 완전히 잃고 말았다.

　세 남자와 시댁에 대한 스트레스 때문인지 툭하면 위경련이 일어났지만 몸을 돌볼 여유는 없었다.

그러다 어느 날 밤에 참을 수 없는 통증이 밀려왔다. 위경련은 멈추지 않았고 고통에 몸부림쳤다.

급기야 병원에 실려 가 정밀검사를 받았는데 쓸개가 망가진 사실을 알게 되었다. 이미 증세가 악화되었기에 의사 선생님은 되도록 빨리 날짜를 잡아 수술해 주시기로 했는데 그 날짜가 4월 1일이었다.

그래서 그날에 수술실로 들어갔다.

수술이 잘 끝나고 나서 친구들에게 '나 수술받았어!'라는 문자를 보냈다. 하지만 그 누구도 면회는커녕 전화해 '무슨 일이냐?', '어느 병원이냐?'라고 묻는 친구는 단 한 명도 없었다.

가뜩이나 몸도 아프고 마음도 외로운데 의사 선생님은 왜 하필 만우절에 수술해 주셔서 나를 우울하게 만드셨는지…. 수술을 받고도 지인들에게서 위로 한번 못 받은 어이없는 만우절이었다.

유치원

 큰아들이 유치원에 들어갈 때 순조롭게 보냈던 터라 작은아들도 큰애와 마찬가지로 쉽게 갈 거라고 생각했다. 더군다나 같은 유치원이니 형을 따라 잘 적응할 거라고도 생각했다. 그래서 작은아들을 큰애보다 한 살 일찍 다섯 살에 유치원에 보내게 되었다.
 아침 아홉 시경에 작은아들은 뭣도 모르고 유치원 가방을 메고 형과 함께 유치원 차를 기다리고 있었다. 대충 작은아이에게 오늘부터 엄마와 잠깐 떨어져 유치원에 다닌다는 설명을 했지만 그 의미를 정확히 이해하지는 못했던 듯하다.
 드디어 저 멀리서 유치원 차가 보였다. 큰아들은 벌써 신이 나서 엄마와 인사를 하지만 작은아들은 무언가 잘못된 것 같은 느낌에 불안해했다.

이내 유치원 차가 우리들 앞에 멈춰 섰다. 큰아들은 알아서 셔틀버스에 올랐다. 이제 작은아들이 올라야 하지만 내 손을 절대 놓으려 하지 않았다. 한술 더 떠 내 뒤로 숨는 작은아들에게 "민중아, 유치원 차에 타야지" 했다. 작은아들은 내 손을 더 꽉 잡으며 놓치려 하지 않았다. 더욱이 작은아들은 내 몸을 꼭 껴안았다.

"싫어. 안 가. 싫다고."

작은아들은 울며불며 발버둥을 쳤다. 작은아들의 그런 반응에 가슴이 아팠지만 마음이 약해지면 또다시 이런 고비를 맞아야 한다는 생각에 매정하게 작은아이를 차에 밀어 넣고는 유치원 차가 출발할 수 있도록 문을 닫아 버렸다.

그렇게 힘겹게 첫 유치원 등원을 시키고 집으로 후다닥 뛰어 올라왔다. 그때 나는 온정신이 아니었다. 작은아이가 그렇게 저항할 줄도 나와 떨어지는 것을 두려워할 줄도 생각지 못했기에 나 또한 당황했던 것이다.

세수와 양치를 대충 했다. 그렇게 보낸 작은아들이 걱정스러워 상황을 살펴보러 가기 위해서였다. 환복하고서 머리를 질끈 묶고 운동화를 신고 유치원을 향해 냅다 달렸다.

유치원에 도착하니 한창 수업이 진행 중이어서 창문 앞에 쪼그려 앉아 작은아들을 찾았다. 두리번거리며 작은아들을 찾아 보았지만 눈에 띄지 않았다. 다행히 우는 소리는 들리지 않으니 안심되었다. 그런데 작은아들이 복도로 터벅터벅 걸어 나오는 것이 보였다. 반가움과 안쓰러움에 눈물이 왈칵 날 거 같았지만 꾹 참았다. 작은아들은 유치원 차에 오르기 전보단 진정된 모습이었다. 울고 떼쓰지는 않았지만 세상을 다 잃은 듯 기운이 없어 보였다. 그런 중에 담임 교사가 밖으로 나와 작은아들과 이야기를 주고받더니 교실로 데리고 들어갔다. 그 모습에 한결 가벼운 마음으로 집으로 향했다.

 작은아들과의 등원 전쟁은 일주일 정도 지속되었다. 또 그렇게 작은아들을 보내고 나면 헐레벌떡 집으로 올라간 후에 집안일을 하다 말고 다시 외출복으로 갈아입고서 유치원으로 달려가 창문 앞에 쪼그리고 앉아 작은아들이 잘 적응하는지 확인하기를 반복했었다.

 작은아들은 그때 일을 회상하며 나를 원망했다. 자기를 제일 사랑하는 줄 알았던 엄마가 어떻게 그렇게 할 수 있냐고, 그토록 울며 발버둥 치는 자신을 유치원 차에 밀어 넣고 문을 닫아 버릴 수 있냐며. 그때 자신은 마치 버림을 받는 기분이 들었다고 했다.

나는 성인이 된 작은아들이 그 일을 생생히 기억하고 있어 당황스러웠다. 아주 어릴 적 일이라 기억 못할 줄 알았는데 착각이었던 것이다. 아이들은 내가 생각하는 것보다 더 많은 것을 기억하고 있구나 싶었다. 내가 진짜 하지 말아야 할 짓을 했구나, 라는 생각이 들었다. 조금 더 기다려 줬어야 했다. 미안하고 후회가 되었다.

아들아! 미안하다. 이미 벌어진 일은 없던 일이 될 수는 없지만 두고두고 원망하지 않고 좋은 기억만 간직하도록 최선을 다해 사랑해 줄게.

햄스터

    두 아들은 햄스터를 키우고 싶어 했다. 그래서 나는 그까짓 것 뭐 어려울 거 있나 싶어 시장에서 암컷과 수컷 한 마리씩을 데리고 왔다. 아이들은 유치원에서 돌아오면 곧바로 햄스터에게 달려가 구경하며 즐거워했다.

    그런데 햄스터의 번식력은 어마어마하고 또 자기들끼리 죽어라 싸우고 심지어 자기 새끼를 잡아먹어 충격적이었다. 그런 광경을 볼 때마다 내가 왜 생각 없이 햄스터를 사 왔는지 후회가 막심했다. 그래도 아이들이 예뻐하니 잘 키워 보기로 했다.

    한데 햄스터의 새끼가 많아지니 냄새가 진동했다. 나는 지

저분한 것에도 후각도 예민한 편인데 햄스터의 냄새는 견딜 수 없었다. 매일 똥을 치우고 톱밥을 갈아도 그 특유의 냄새는 없어지질 않았다. 아이들이야 그냥 바라보고 예뻐하기만 하면 그만이겠지만 그 모든 것을 감내해야 하는 나에게 햄스터는 귀여운 동물이 아니었다.

 그런 터에 두 아이는 유치원으로 등원하고 나는 여느 때와 같이 진공청소기를 가지고 여기저기 청소를 하고 있었다. 이제 햄스터 우리 안을 청소하려는데 다른 때 같으면 햄스터들을 딴 곳에 옮기고 새 톱밥으로 갈아 놓을 것이지만 이날따라 그 과정도 햄스터도 귀찮게 느껴졌다. 결국 나는 얄미운 햄스터들을 옆으로 밀고 진공청소기로 청소를 하고서 반대편도 청소하기 위해 햄스터들을 다시 옆으로 밀었다. 그런데 그만 그 과정에서 일곱 마리의 햄스터가 진공청소기 흡입구 속으로 쪼르륵 빨려 들어가는 사고가 발생하고 말았다. 그래서 급히 진공청소기를 정지하자 흡입구에서 햄스터 일곱 마리가 쌍코피를 주르륵 흘리며 떨어졌다. 그걸 쳐다보니 마음이 아파 마치 심정지가 되는 것 같았다. 곧 유치원에서 돌아올 아이들이 눈앞에 어른거리고 어찌해야 할지 막막했다. 나는 마음을 가다듬고 한 마리씩 심폐 소생술을 했다. 그러자 신기하게도 일곱 마리 모두 살아났다. 제대로 배운 적도 없는 기술을 사람이 아닌 그것도 햄스터에게 처음으로 쓸 줄은 미처 몰랐었다. 어쨌든 일곱 마리 모두 그렇게 나의 보잘것없는 심폐 소생술로 기적적으로 살아났지만 콩닥거리는 가슴은 쉽게 가라앉지 않았다. 아이들이 오기 전에 햄스터들의 쌍코피를 닦아 주고서 겨우 한숨을 돌렸다.

하지만 그로 인해 햄스터들은 이틀 뒤 모두 죽고 말았다.

아이들은 의아해하며 햄스터들이 왜 안 보이냐고 물었다. 나는 창문을 열어 놓았더니 다 나가 버렸다는 궁색한 변명만 늘어놓을 수밖에 없었다.

띠앗

 둘째 아이가 초등학교 1학년 때 공개 수업이 있는 날 들뜬 마음으로 학교로 향했다. 먼저 도착한 많은 학부모님이 교실 뒤쪽에 자리를 잡고 공개 수업이 시작되기를 기다리고 있었다. 나도 구석진 곳에 자리를 잡고 섰다.
 작은아들을 향해 엄마가 왔다는 신호를 보내기 위해 눈빛을 발사했다. 작은아들은 엄마가 오기를 눈이 빠지게 기다렸는지 이내 나를 발견하고 환한 미소를 보내 주었다.
 곧 공개 수업이 시작되었다. 공개 수업은 마치 각본에 짜인 것처럼 순조롭게 진행되었다. 아이들은 선생님의 질문에 손을 들었고 대답한 학생의 부모는 자식이 마치 큰일을 한 것처럼 자랑스러워하는 분위기였다. 선생님은 많은 학부모님이 실망하지 않도록 더 많은 학생에게 질문하기 바쁘셨다. 선생님과 학부모님과 아이 모두를 만족시키기엔 짧은 40분의 공개 수업은 그렇게 마무리되었다.

어쨌든 첫 공개 수업은 긴장되고 흥분되고 기대되는 것인 건 분명하다.

학부모님들은 수고한 선생님과 아이들에게 학부모회에서 준비한 햄버거와 음료수를 나누어 주었다. 나도 아이들에게 나눠 주며 작은아들이 잘 받아서 먹고 있는지 힐끔 쳐다보았다. 다른 아이들은 맛있게 먹고 있는데 작은아들은 햄버거를 들고 쳐다만 보고 있었다. 햄버거를 좋아하는데 왜 안 먹고 들고만 있는지 이상하다고 생각했다.

이윽고 아이들에게 다 나눠 준 후 뒤쪽에 가서 섰다. 그러고서 다시 작은아들을 보니 아직도 햄버거를 들고 쳐다보고만 있었다. 선생님도 그 모습이 의아했는지 작은아들에게 다가가서 물었다.

"민중이 왜 햄버거 안 먹니? 햄버거 싫어하니?"

"아니요, 선생님. 저는 이따 집에 가서 형과 나누어 먹을 거예요."

작은아들의 대답은 의외였다. 걸핏하면 아옹다옹하면서 형과 나눠 먹겠다니…. 작은아들의 말에 가슴이 뭉클했다.

선생님은 작은아들의 머리를 쓰다듬으며 민중이 참 기특하네, 하고 칭찬하셨다. 그 덕분에 남아 있는 햄버거 하나는 작은아들에게 덤이 되었다.

구멍 난 양말

 고등학생 때 짝이었던 절친한 친구에게 소개팅을 해 주기로 해서 커피숍에서 소개팅 남과 기다리고 있는데 제시간이 지나서야 그 친구가 왔다. 친구는 의자에 앉자마자 느닷없이 늦어서 서두르다 보니 구멍이 난 줄도 모르고 신고 왔다며 양말을 번쩍 들어 보였다.

 소개팅 남과 나는 황당했지만 친구는 개의치 않고 사실은 양쪽 다 구멍이 났다며 반대쪽 양말도 들어 올렸다.

 망했다고 생각하는데 오히려 소개팅 남은 친구의 행동을 재미있어하며 크게 웃었다.

 그 이후 소개팅 남이 핸드폰에 친구의 이름을 구멍 난 양말로 저장해 별명이 되었다.

친구의 차림새로는 없어 보이지만 실제로는 부잣집 딸이다. 나는 겉모습만 보고 무시하는 사람에게 묻지도 않았는데 지레 친구가 백억 부자라고 말해 주었다.

머스캣

우리 집 마당에는 오래전부터 키우던 포도나무 두 그루가 있었다. 해마다 여름이면 탐스러운 포도송이들이 주렁주렁 달려 따 먹는 재미가 쏠쏠했다.

그런데 병충해가 심해지더니 제철인데 열매가 잘 열리지 않았다. 그래서 우리 부부는 이 포도나무들을 뽑아 버려야 할지, 아니면 그냥 두어야 할지 고민이 이만저만이 아니었다.

그러던 어느 날 풀을 뽑고 있는 나에게 신랑이 말하는 것이었다.

"자기야, 우리 저 포도나무들을 뽑고 다른 거로 심을까?"

나는 그래도 오랫동안 정이 들었기에 섭섭했지만 궁금해

서 물어보았다.

"뭐, 어떤 나무로?"

신랑은 나무 이름이 떠오르지 않는지 "그거 있잖아. 그거" 하고서 마침내 기억났는지 "아, 맞다! 일론 머스캣" 하는 것이었다.

나는 무언가 이상해 고개를 갸웃하며 말했다.

"뭐라고? 일론 머스캣?"

그제야 우리는 동시에 "샤인머스캣" 하며 빵 터졌다.

원룸의 애환

어느 날 헬스장에 가니 그곳에서 자주 보던 두 언니가 러닝머신에서 운동하고 있었다. 나도 옆의 러닝머신 위에 올라 운동을 했다. 그러다 엉겁결에 언니들의 대화를 엿듣게 되었다.

두 분이 다 원룸을 운영하고 있었는데 한 분이 개인적인 사정으로 원룸 한 동을 팔아야겠다고 하시는 것이다. 살면서 원룸에 관해 관심도 전혀 없던 터였는데 이상하게 귀가 쫑긋 세워졌다.

그것이 계기가 되어 나는 11년째 원룸을 운영하고 있다. 그 언니와 나는 지금까지도 진한 우정을 잇고 있다. 언니는 당시에 잔금이 마련될 때까지 3년을 기다려 주었었다.

가끔은 그 헬스장을 다니지 않았다면 또 그때 그 언니를 만나지 않았다면 지금 무얼 하며 먹고살고 있을까 하고 생각한다. 그렇지 않았다면 아이들은 어떻게 키우고 어떤 삶으로 변해 있을지? 아마 지금과는 딴판으로 살고 있을지도 모른다.

어쩜 아이들을 잘 키우고 다소 여유로운 생활을 할 수 있었던 것은 그분과의 인연 덕분이 아닐까 싶다.

원룸을 운영하며 여러 부류의 사람과 접하게 되면서 나는 더욱 단단한 사람이 되어 갔다. 우리 원룸에는 유난히 외국인이 많이 거주하고 있다. 가끔 타국으로 돈을 벌러 와서 고생하고 있는 젊은 사람들을 볼 때면 마음이 아프기도 하다.

그중에 예의가 바르고 말수가 적은 스물다섯 살 정도의 젊은 청년이 있었다. 월세도 꼬박꼬박 내고 성실한 듯해 보였다.

그런데 언제부턴가 한 달, 두 달 월세가 연체되더니 결국 1년 넘게 밀렸다. 그 청년이 다니는 회사에서 월급을 미루고 주지 않았기 때문이었다. 여하튼 살고 있는 사람을 내쫓을 수는 없는 노릇이었다.

그러던 어느 날 그 청년에게서 전화가 왔다. 그는 밝은 목소리로 "사장님, 그동안 죄송했어요. 이번에는 회사에서 꼭 돈을 준대요" 하며 내일 오라고 하는 것이다.

그런데 다음 날 그 청년의 누나에게서 전화가 오더니 다급한 목소리로 동생이 연락이 안 된다며 원룸으로 와서 현관문을 열어 달라는 것이었다.

이윽고 그의 누나와 만나 현관문을 열어 주었다. 그런데 방 안으로 먼저 들어선 그 누나가 놀라며 오열했다. 무슨 일이 일어났는지 직감할 수 있었다.

가슴이 너무 아프고 슬퍼서 할 말이 없었다. 젊은 청년이 한국에 돈 벌러 와서 저런 죽음을 맞이한 것을 보니 안타깝고 부끄러워 고개를 들 수 없었다.

그 와중에 그 누나가 밀린 월세와 관리비를 모두 내겠다고 했지만 받지 않았다. 그것이 최소한의 도리라고 여겼다.

은행

　명절날 늦은 오후가 되자 가족이 하나둘씩 부모님 댁에 모였다.

　엄마가 차려 주신 맛있는 명절 음식을 배불리 먹고 나서 우리는 불룩 나온 배를 쓰다듬으며 소화를 시킬 겸 밖으로 산책하러 나갔다.

　친정집 앞의 가을 풍경은 은행나무 잎이 노랗게 물들고 은행이 주렁주렁 달려 단풍의 운치였다.

　산책하던 중 가족 중 하나가 은행을 주웠다. 그러자 나머지도 쭈그리고 앉아 은행 줍기에 동참했다. 매일 술을 드시는 아빠에게 은행 안주는 최고인 걸 알기 때문이다.

시간 가는 줄 모르고 은행을 줍고 있던 중에 도로에서 순찰차가 우리 쪽으로 오는 것이 보였다. 우리는 서로 눈을 마주치며 신경을 썼다.

순찰차가 멈춰 서자 경찰 한 명이 수첩을 들고 내려 우리에게 다가왔다. 나는 영문도 모르고 겁을 먹고 있었다. 경찰만 보면 겁내는 것이 여전했다. 간이 작아서일지 모르겠다. 나는 어느새 언니, 오빠들 뒤에 숨어 있었다.

경찰은 우리에게 그 은행을 줍는 것은 공공재산 절도죄라며 신상을 묻는 것이었다. 경찰이 언니, 오빠들을 조사하고 있을 때 나는 내 눈을 의심했다. 아빠가 뒷걸음질을 치며 은행을 슬금슬금 버렸다.

이윽고 경찰은 아빠를 발견하자 다가가서 물었다.

"같은 일행이신가요?"

아빠는 능청스럽게 대답했다.

"아니요, 몰라요. 흐흐흐."

나는 아빠의 그 모습이 귀여워서 웃음을 참느라 힘들었다. 아빠는 누가 봐도 우리 가족이었는데 경찰은 뻔뻔한 거짓말에 어이없는 듯 헛웃음을 짓고서 우리에게 경고만 하고 순찰차로 되돌아갔다.

순찰차가 보이지 않고 나서야 아빠가 머쓱한 표정을 지으며 우리 곁으로 다가왔다. 나는 아빠를 놀리기 위해 살짝 화난 목소리로 말했다.

"아빠, 아니, 자식들이 곤경에 처했는데 좀 봐달라고 해야지, 어떻게 혼자 살겠다고 모른다고 할 수 있어?"

"야, 그럼 나까지 잡혀가면 너희들은 누가 꺼내 주냐? 나도 다 생각이 있어서 그랬지. 흐흐흐."

정말 그랬을까? 자식들을 무척 사랑하셨지만, 의리는 조금 없으셔서 귀여운 우리 아빠였다.

아빠의 마지막 소원

작은 것에 감사하고 소박하기만 한 아빠였다. 돈 쓸 줄도 낭비할 줄도 모르고 그저 막걸리 한잔이면 행복했던 분이셨다. 하지만 오히려 그것이 화근이 되었다. 아빠는 언제부터였는지 눈만 뜨면 막걸리를 찾았다. 술 중독이 되어 있었다. 단 하루도 막걸리 없이는 살 수 없는 상태였다. 술을 매일 드셔서 그런지 아빠는 늘 행복해 보였다. 사람들을 너무 좋아해서 막걸리만 드시면 2차로 사람들을 데리고 집으로 오는 바람에 그런 아빠를 엄마는 못마땅해했다.

어느 날 아빠는 건강 검진을 받았는데 간에 혹이 발견되었다. 간암이었다. 행복했던 우리 집은 한순간에 무너져 내렸다. 웃음소리는 더 이상 들리지 않았다. 아빠는 자신이 암에 걸렸다는 사실을 알게 된 순간부터 급격히 건강이 악화되어 평범한 모든 일상이 날아가 버렸다.

 암 환자를 돌본다는 것이 그리 힘들다는 것을 아빠를 간병하면서 알게 되었다.

 헛것이 보인다며 자해하기도 하고 가족을 알아보지도 못하며 욕을 하기도 하고 없는 말을 지어내기도 했다.

 그러다 반짝 정신이 돌아오기라도 하면 언제 그랬냐는 듯 예전의 모습으로 돌아와 행복한 미소를 짓기도 했다.

 그러던 어느 날 아빠는 소원이 있으니 꼭 들어 달라고 애원했다. 자신이 곧 죽을 것 같으니 죽어도 집에 가 보고 죽어야겠다며 딱 한 번만 가게 해 달라고 사정하는 것이었다. 우리는 아빠의 건강 상태로는 무리라고 말렸지만, 아빠는 다음 날도 우리를 설득하는 것을 포기하지 않았다.

 그런데 정신도 없던 분이 그 설득을 할 때면 마치 예전으로 돌아오신 듯 또렷한 정신을 보여 주어 신기했다. 얼마나 멀쩡하신지 아빠의 건강이 회복되려는가 하는 착각이 들 정도였다.

 우리 남매는 주치의와 상의 끝에 아빠의 소원을 들어주기로 하고 하루의 짧은 외박을 허락받았다.

아빠가 집에 돌아오니 그것이 마지막인 줄 알면서도 잠시나마 행복한 기분이 들었다.

동네 사람들은 아빠가 돌아왔단 소식에 하나둘씩 찾아왔다. 그동안 막걸리로 쌓아 온 친분 덕분인지 아빠의 인기는 좋았다. 문병을 온 사람들은 못 본 사이 야윈 아빠의 모습에 안타까워했다. 그것이 마지막이란 걸 모두 아는 듯했다. 저녁이 되어 지인들의 방문도 끊기고 모두 돌아간 후에 아빠는 지쳐 누웠다.

그리고 얼마 후 아빠는 잠자리에서 부스스 일어났다.

"아빠, 왜? 어디 가려고?"

내가 의아하고 불안해서 물었다.

"잠깐 창고에 내려갔다 오려고."

"거긴 왜? 안 돼. 아빠 혼자 못 가. 같이 가."

"아냐, 혼자 가야 해."

"안 돼. 절대 아빠 혼자 못 가."

아빠는 기어코 혼자 가는 걸 막는 우리에게 잔뜩 화를 냈다.

부모님이 사는 빌라는 세대별로 하나씩 지하에 작은 창고가 있었다. 아빠는 이상할 만큼 그 지하 창고에 혼자 가려

했다. 결국 아빠는 우리 때문에 그곳에 가는 걸 포기했다.

다음 날 아빠는 다시 요양 병원으로 돌아갔다. 그리고 그 후로 열흘도 지나지 않아 세상을 떠나셨다.

장례를 치른 후 아빠가 혼자 사용하던 지하 창고를 정리하러 안으로 들어갔다. 그곳에서 우리 식구들은 너무 슬프고 괴로워 오열하고 말았다.

아빠가 마지막으로 집에 오고 싶어 한 이유도 지하 창고에 혼자 가려 한 이유도 그제야 알 수 있었다.

구석에는 신문지에 돌돌 말려 있는 무언가가 놓여 있었다. 신문지를 펴 보니 농약이었다. 아빠는 간암 투병 중에 그 농약을 사서 그렇게 보관해 두었던 것이다.

아빠는 고통스러워서도 그렇겠지만 오랫동안 힘들게 간병하는 가족들을 위해서도 극단적 선택을 하려고 결심하셨던 것이다.

05
내 이름은 막내

헬리콥터 맘

큰아들은 대학교를 휴학하고 입대 날짜를 기다렸다. 몇 달만 지나면 처음으로 큰아들과 떨어져 지내야 하는 것이다.

그런데 큰아들은 수시로 친구들과 어울려 술을 먹고 늦게 귀가했다. 매번 전화를 받지 않고 카톡을 확인하지 않아 답답하고 초조했다. 자정이 되면 불안 증세를 보였다. 앉아 있을 수도 잠을 잘 수도 없었고 공포까지 느꼈다.

이날도 큰아들은 열두 시가 넘어서도 연락이 두절되어 공포가 극에 달했다.

나는 이 사회가 무서웠다. 큰아들과 연락이 안 되면 무슨 일이라도 생겼을까 봐 걱정되었다.

나는 더는 참지 못하고 차를 몰고 작은 시골 마을의 술집마다 다니며 큰아들을 찾았다. 그러다가 어느 가게 문 앞에서 큰아들이 친구들과 술을 마시고 있는 것을 확인했다. 큰아들은 그들과 신나게 깔깔거리며 떠들고 있었다. 그 모습을 보고 있자니 머리끝까지 화가 치밀었다.

그때 큰아들이 나를 발견하고 가게 밖으로 걸어 나왔다. 큰아들은 미안해하기는커녕 엄마 때문에 창피하고 힘들다며 불만을 토했다. 나는 그런 큰아들의 태도에 서운해 화를 냈다. 그리고 우리는 그 자리에서 심하게 다퉜다. 20년 동안의 화목을 깨고 몽땅 몰아서 싸우게 되었다. 우리가 그동안 사이가 좋았었나 하는 의심이 들 정도였다.

큰아들은 마마보이라고 놀린다며 친구들 앞에서 엄마의 전화를 받지 않았던 것이다.

생전에 엄마가 내게 그랬던 것처럼 큰아들에게 집착하며 괴롭히는 나에게 문제가 있다는 것을 자각했다. 그래서 한 병원의 정신건강의학과에서 의사 선생님에게 상담을 받았다. 두 아들과의 보다 나은 화목과 행복을 위해서.

코로나19의 혼곡

 코로나19가 처음 유행할 때 그것이 그리 오랜 세월 일상에 지장을 줄 것이라곤 상상도 하지 못했다.
 나는 코로나19로 큰 고생을 한 사람 중의 한 명일 것이다. 코로나19를 세 번이나 걸렸으니 말이다. 한번 걸리면 며칠 동안 꼼짝을 못 했다. 제대로 먹지도 움직이지도 못할 정도로 심하게 앓고서야 일상으로 돌아오곤 했다.

 처음 코로나19에 걸렸을 당시 나는 힘든 가사 노동에 지쳐 우울한 시간을 보내고 있었다.
 온몸에 열이 나고 쑤셨는데 텔레비전에서 들은 증상에 의

하면 내가 코로나19에 걸렸다는 것을 확신할 수 있었다.

나는 힘든 몸을 이끌고 병원으로 갔다. 생각대로 나는 코로나19에 걸렸다. 병원에서는 아무 곳도 가지 말고 집으로 가라는 지시를 내렸다.

나는 곧장 전원주택인 우리 집으로 돌아와 2층에서 자가격리에 들어갔다.

다음 날 일어날 수도 없이 온몸이 아팠지만 집안일을 안 해도 된다는 해방감과 자유로움과 여유로움이 나를 행복하게 했다.

그러나 그렇게 이틀을 지내다 보니 아들들과 신랑이 걱정되었다. 아침은 잘 챙겨 먹었는지, 교복을 제대로 입고 학교에 잘 갔는지, 지각은 하지 않았는지. 머릿속엔 온통 두 아들과 신랑 걱정으로 가득해 쉬어도 쉬는 게 아니었다.

그래도 코로나19를 옮길 순 없으니 1층으로 내려갈 수도 없는 노릇이었다. 신랑도 코로나19는 무서웠는지 2층에는 올라오지도 않고 전화를 걸어 이참에 푹 쉬라며 위로해 주었다. 어쨌든 '코로나19 덕분에 이런 대접을 받는구나' 하고 생각하며 신랑에게 고맙고 미안한 마음에 그동안 쌓였던 미운 감정이 누그러지는 듯했다.

3일째 아침이 되니 슬슬 몸이 회복되는 듯했다. 열도 내리고 욱신거렸던 몸도 좋아지기 시작했다. 그렇다 보니 1층에서 무언가 스멀스멀 올라오는 맛있는 냄새가 느껴졌다. 배가 고픈 것을 이제야 느낄 수 있었다. 그런데 갑자기 화가 치밀었다. 생각해 보니 자가 격리 중에 아무것도 먹은 것이 없었다. 식구들이 2층으로 죽 한 그릇도 올려다 주지 않은 것을 이제야 깨달은 것이다.

나는 곧바로 씩씩거리며 1층으로 내려갔다. 그러자 야박한 남자 셋이 놀란 눈으로 쳐다보았다. 신랑은 "왜 내려와? 더 쉬지" 하는 것이다. 나는 "쉬긴 뭘 쉬어? 사람이 아프면 죽이라도 좀 갖다주면서 쉬라고 해야지. 이제 더는 배고파서 쉬고 싶어도 못 쉬겠어"라며 분통을 터트리고는 상을 차려 고봉밥을 우걱우걱 먹어 치웠다.

그러고 나서 본의 아니게 세 남자 모두에게 코로나19가 전염되고 말았다.

곱창집 언니

신랑에게 많은 것을 바라지 않았었다. 결혼기념일과 생일에 다른 건 몰라도 꽃 한 송이라도 챙겨 달라는 것이었다. 그 얼마나 쉬운 일인가. 백 송이도 아니고 한 송이일 뿐인데. 나 같으면 그깟 꽃 한 송이 백 번, 천 번이라도 사다 줄 텐데 말이다.

그러나 신랑에겐 꽃 한 송이 선물하는 건 어려운 일이었나 보다. 결혼 20주년 기념일이라 혹시나 하고 기대했는데 꽃은커녕 결혼기념일인 것조차 잊어버린 것 같은 느낌이었다.

해 질 녘 20주년 결혼기념일을 그냥 보내기는 아쉬워 저녁이라도 같이 먹자며 시내로 갔다. 우린 제일 먼저 보이는 곱창집에 들어가 곱창전골과 술을 시켰다.

화가 난 상태로 술을 마시니 취기가 더 빨리 올라왔다. 그깟 꽃이 뭐라고 한 송이도 안 사 줘, 하며 혼잣말을 했다. 그러다 결국 폭발하고 말았다.

"아니, 내가 많은 걸 바랐어? 다른 날도 아니고 20주년 결혼기념일인데 꽃 한 송이 선물하는 게 뭐 그리 어렵다고 빈손으로 들어오냐? 해도 해도 너무하네" 하며 고함을 질러 댔다. 신랑은 자기가 생각해도 미안했는지 아무 말도 못 하고 일어나 밖으로 나가 버렸다.

눈물이 왈칵 쏟아졌다. 이런 대접을 받으며 살고 있는 나 자신이 불쌍하고 한심하단 생각이 들었다. 나는 주인아주머니에게 울며 하소연했다.

"사장님, 오늘 저희 결혼 20주년 기념일인데 남편이 꽃 한 송이도 선물 안 하네요. 진짜 너무하지 않아요?"

담배를 피우고 들어온 신랑은 자신의 흉을 보고 있는 내가 꼴 보기 싫었는지 그만 가자며 계산하고 나가 버렸다.

그래서 가방을 챙겨 나가려는데 사장님이 언니, 하며 나를 멈춰 세웠다. "울지 마. 내가 꽃은 사 줄 수 없고 대신 이거 줄게. 이거라도 받고 화 풀어" 하며 작은 화분을 건네주었다. 그것은 가게 계산대 위에 놓여 있던 개업 화분이었다.

나에겐 없어서는 안 될 참새 방앗간이자 아지트 같은 곳인 가게에서 술을 한잔하고 있었다. 계산대 위에 없던 돼지 저금통이 보여 주인 언니에게 "저 돼지 저금통 뭐야?" 하고 물으니 "우리 모임 회원들 주려고 맞춘 거야"라고 대답했다. 나는 그 돼지 저금통이 탐이 나서 "나도 하나 얻어다 줘"라며 언니에게 부탁했다.

그때 가게에서 두세 번 마주쳤던 언니가 안으로 들어왔다. 주인 언니는 그 언니에게 "저 돼지 저금통 하나 구해다 줘요"라고 말하는 것이었다. 나는 그 언니가 친근감이 들어 "여기에 앉으세요"라며 같이 술을 한잔하자고 권하였다. 이날 그렇게 그 언니와 합석하고 전화번호도 교환하는 사이가 되었다.

다음 날 그 언니에게서 전화가 걸려 왔다. 언니는 "미애 씨, 뭐 해요? 안 바쁘면 우리 커피숍에서 커피랑 빵 먹어요"라며 청했다. 평소의 나 같았으면 갑작스러운 그런 전화에 죄송하다고 정중히 거절할 것이 분명한데 한 치의 망설임도 없이 "네, 좋아요" 하고서 커피숍으로 향했다.

커피숍에서 재회한 그 언니는 나이를 분간할 수 없을 정도로 세련되고 잘 가꾸어진 사람이었다. 언니는 내게 선물이라며 돼지 저금통을 건네주었다. 그러고서 자신의 얘기를 들려주었다.

"내가 예전에 이 근처에서 곱창집을 했었어."

나는 그 곱창집 소리에 20주년 결혼기념일이 떠올랐다.

"곱창집이요?"

"응, 한 5년 전쯤에 했었지."

나는 설마 하는 생각이 들었지만 한 번 더 물었다.

"곱창집 했던 위치가 어디예요?"

언니는 그 곱창집 위치를 말해 주었는데 5년 전에 갔던 곳과 일치했다. 신기하고 놀라워 온몸에 소름이 돋았다.

혹시나 하는 마음에 또다시 물었다.

"그때 손님 중에 20주년 결혼기념일로 싸운 부부 기억해요?"

언니는 잠시 생각에 잠기는 듯하더니 "그래, 기억난다"라고 하고는 "그때 내가 뭘 준 것 같은데"를 덧붙였다.

나는 언니에게 알려 주었다.

"그때 싸운 부부가 저희예요. 그때 언니가 저에게 꽃 대신 선물이라고 화분을 주셨어요."

언니와 나는 말이 끝나기 무섭게 의자에서 벌떡 일어나 부둥켜안았다.

이 눈물이나 저 눈물이나

결혼 후 처음으로 혼자 제주도로 여행을 갔다. 올 한 해는 정말 힘든 시간을 보냈다. 그런 나에게 이번 여행은 선택이 아닌 필수였는지도 모르겠다.

2박 3일의 짧은 여행의 마지막은 섭지코지로 딱히 다른 일정이 없어 쉬엄쉬엄 가을 풍경을 마음껏 느끼며 여유로운 시간을 보냈다. 가을 하늘이 어찌나 아름답던지 이 소중한 추억을 남겨야겠다는 생각으로 휴대전화 카메라 셔터를 연신 눌러 댔다.

제주도의 바람이 얼마나 강하던지 셀카를 아무리 찍어도 사진들이 별로였다. 오기가 발동했다. 예쁜 셀카 사진 한 장

건지기 전에는 이곳을 내려가지 않을 것이라고 다짐하곤 다시 사진 찍기에 열중했다.

바람은 심하게 불고 사진 찍는 것에 집중해서 그런지 이젠 눈에서 눈물까지 흘렀다. 그때 저 멀리서 젊은 아가씨가 내 쪽으로 걸어오는 것이 보였다. 멀리서 봐도 그 아가씨는 젊고 예뻐서 왠지 기싸움이라도 해야 하나 하는 생각이 들었다. 아가씨가 가까이 다가오자 나는 속으로 '갈 거면 빨리 가라. 나는 예쁜 셀카 사진 건지기 전엔 안 갈 거다' 하며 눈으로 신호를 보내 보았다. 그러나 아가씨는 전혀 눈치채지 못했는지 지나가지 않고 내 옆에 와서 서 있는 것이다. 그렇게 나와 아가씨와의 기싸움은 시작됐다.

얼마 후 아가씨가 드디어 내려가려는지 움직였다. 나는 다시 셀카를 찍을 수 있겠다는 생각이 들었다. 그런데 아가씨가 내 손에 휴지를 쥐여 주는 것이다. 그러고서 아가씨는 눈인사하고 내려갔다. 아가씨는 눈물을 흘리고 있는 나를 발견하고 위로하려고 그렇게 서 있었던 것이다.

나는 이참에 울어 보기로 했다. 어차피 흐르는 눈물, 이 눈물이나 저 눈물이나 그냥 울어 본다. 그리고 우겨 본다. 바람이 모질게 부네요.

가위

 술을 좋아하던 아빠가 간암으로 2년 투병 끝에 세상을 떠난 후 우리 남매는 하나같이 가족력이 걱정되어 병원을 찾았었다.

 신경을 많이 써서인지 여기저기 안 아픈 곳이 없었다. 마침 신랑 회사를 통해 종합 건강 검진을 받게 되었다. 몸이 안 좋고 나이가 들어서인지 우려가 되었다.
 종합 건강 검진이 끝난 후 간호사가 남편과 나의 대장에서 용종을 두 개씩 떼어 냈으며 한 개씩은 떼어 내지 못했다고 전해 주었다. 그 이유는 일주일 후 전문의를 만나 들어

보라는 것이었다.

우리 부부는 전문의 상담을 예약한 후 집으로 돌아왔다. 사실 나는 30대 초반에 대장암을 앓았기에 덜컥 겁이 났다. 운이 좋아 초기에 발견해 항암 치료 없이 나았지만 5년 동안 대장 내시경 검사약을 복용했었기에 진저리가 났다.

일주일을 초조하고 예민한 상태로 하루하루를 보냈다. 이유를 듣기도 전에 이미 중환자가 되어 있었다.

전문의와 상담하는 날 병원으로 가는 동안 불안해서 남편이 거는 말도 들리지 않았다. 남편은 눈치 없이 해맑기만 했다.

병원에 도착해 남편과 함께 진료실로 들어갔다. 의사 선생님은 의외로 젊은 여자분이었다.

의사 선생님은 남편의 대장 용종은 2센티미터이고 수술은 그리 어렵지 않다고 했다. 그리고 내 대장 용종도 2센티미터이지만 쉬운 수술의 위치가 아니라고 하고서 한 달 뒤 수술 날짜를 잡아 주었다.

극도로 불안해서인지 악몽을 꾸었다. 가위에 눌렸다. 어딘지 모르게 달아나고 있었다. 별안간 화난 아빠가 나타나 혼비백산 도망쳤다. 그러다가 느닷없이 중환자실에 누워 있었다. 그 모습이 무서워서 발버둥을 쳐도 벗어날 수 없었다. 깨어나려 해도 깨어날 수 없다.

밤마다 똑같은 꿈이 반복되었다. 아빠는 매일 화난 얼굴로 나타나 종국엔 나를 중환자실로 보냈다.

좋은 꿈이 아니라는 것은 확실히 알 수 있었지만 딱히 미신도 믿고 싶지 않은 나로서는 그리 신경 쓰고 싶지도 않았다.

하지만 솔직히 무시하기엔 밤이 무서웠다. 가위에 눌리기 싫어서 불도 켜고 텔레비전도 켜고 누웠다. 아예 잠을 안 자는 방법까지 시도해 봤지만 어느새 잠이 들기라도 하면 어김없이 가위에 눌렸다.

괴로워서 입맛도 없고 살도 빠졌다. 얼굴은 하루가 다르게 초췌해졌다.

그렇게 3주가 지나자 수술 날짜를 바꾸라는 건가, 라는 해몽까지 했다. 수술하면 잘못되는가 하는 우려까지 되어 머릿속이 복잡해졌다.

한 달을 가위에 눌리고 수술을 받는 날이 되었다. 큰아들이 우리를 차에 태우고 든든하게 보호자 역할에 충실해 주었다.

병원에 도착하니 극도로 불안해서 수술 날짜를 바꿀 걸 그랬나 싶기도 하고 도망치고 싶기도 하고 별의별 생각이

다 들었다.

이윽고 우리 부부의 이름이 호명되어 수술실로 들어갔다. 이때 처음으로 남편에게 꿈 얘기를 했다.

"자기야, 나 사실 한 달 동안 가위에 눌렸는데 수술해도 될까?"

남편은 별걸 다 신경 쓴다고 하며 아무렇지 않게 대답했다.

급기야 수술 중 각성을 겪었다. 공포와 고통을 심하게 느꼈지만 눈을 뜰 수도 말을 할 수도 몸을 움직일 수도 없어 의사 선생님과 간호사는 알아채지 못했다. 다만 여전히 대장 용종 위치를 찾지 못했는지 내시경으로 몇 번이나 쑤셔대서 계속 고통당해야 했다. 고통을 온몸으로 느끼고 있었다.

순간 아, 이래서 그동안 그런 꿈을 꾼 거구나, 라고 인식되었다. 인생이 정말 별것 아니구나 싶었다. 잘못되면 하루아침에 죽을 수도 있겠다는 생각에 수술실 밖에서 기다리고 있는 큰아들이 먼저 떠올랐다. 다음으로 군대에 있는 작은아들이 보고 싶어 눈물이 핑 돌았다. 그다음은 놀랄 남편이 떠올랐다. 그리고 이 와중에 이런 생각들을 하는 것 자체가 신기하고 놀라웠다.

그런 중에 의사 선생님의 기뻐하는 소리가 들렸다.

"찾았다."

더는 기억나지 않았다.

그나마 수술은 잘되었지만 심한 후유증으로 몸무게가 10킬로나 빠지고 오랫동안 정신적 고통을 겪었다. 현실이 가위에 눌린 상태가 되었다.

역지사지

최근 부부싸움을 했다. 평소에 말다툼을 하면 "남들에게 하는 거 그 반만이라도 나한테도 좀 해 봐라"라며 화내곤 했다. 그런데 이번엔 그 말을 내가 듣고 말았다.

곰곰이 생각해 보니 조금은 인정이 되는 말이어서 나도 모르게 피식 웃음이 났다. 주변 사람들에겐 잘도 싱글벙글 웃어 주면서 왜 남편에겐 그리 인상만 쓰게 되는 것인지. 남편이 한 달 꼬박 일하고 월급을 갖다주면 고맙다고 표현한 적은 있는지. 남편이 출퇴근할 때 인사는 또 언제 했는지.

처지를 바꾸어 생각해 보면 남편은 나의 상차림이나 설거지, 청소, 세탁 등 집안일에 감사한 적은 있나. 이때껏 아이

들을 보살피고 자기를 뒷바라지해 준 것에 대해 고마워해 본 적은 있는가.

그런 걸 보면 우리 부부는 당연하지 않은 것을 당연히 여기며 살고 있는 듯하다. 아마 세상에 많은 부부가 우리 부부처럼 살고 있지 않을까 싶다. 어쩌면 알든 모르든 표현하지 않고 사는 부부가 부지기수일 것이다.

결혼하고 아이를 낳아 함께 가정을 꾸려 나간다 해도 세상에 당연하지 않은 것이 당연한 것은 없는 법이다.

그저 감사한 것일 뿐이다. 그것이 나를 위한 것이든 상대를 위한 것이든 작은 것에도 감사하다고 표현하며 살다 보면 인생이 좀 더 행복해지지 않을까 싶다.

칼로 물 베기

몸이 많이 아픈 데다 엄마가 대장암 말기로 힘들어하셔서 마음 또한 아픈 시간을 보내고 있었다.

남편은 바쁘고 두 아들은 입대해 아무도 내 곁에 없었다. 나는 의지할 사람도 의논할 상대도 없었다. 군대에 있는 아들들에게서 전화가 오면 혹여 걱정할까 봐 밝은 목소리로 전화를 받아야 하는 연기는 나를 더 슬프게 했다.

마음까지 아프니 몸이 자주 심하게 아팠다. 이토록 아픈데 병원에 데려가지 않는 남편이 미웠다. 매일 서러운 눈물이 주르륵 흘렀다. 누워서 견디다가 병원으로 가는 일이 예사였다. 의사 선생님은 당장 입원하라고 권유하시곤 했다. 나는 그 말을 무시한 채 간단한 치료와 약만 받고 집으로 돌아오곤 했다.

하루는 고열이 나고 움직일 수 없이 아팠다. 남편은 회사와 개인적인 일로 나를 병원에 데리고 갈 수 없었지만 마음이 안 좋은지 괜찮으냐고 물어보았다. 나는 "괜찮아. 걱정 말고 출근해" 하고 안심시켰지만 눈치껏 병원에 데려가기를 바랐었다.

남편이 출근하고 서러워 참았던 눈물이 왈칵 쏟아졌다. 시간이 지날수록 더 아파 병원으로 가려고 운전대를 잡았다. 몸을 가누지 못해 위험하게 차를 모는 지경이었다.

병원에 도착하니 걷기도 힘들었다. 오늘도 의사 선생님이 염증이 심해 열이 많으니 당장 입원하라고 권유했다. 무슨 오기였는지 나는 또 아니요, 싫어요, 라고 거절하고 말았다. 그러자 간호사가 화를 버럭 내며 말했다.

"어머님, 집에 가도 보호자 없잖아요. 그냥 입원하세요. 그러다 밤에 큰일 나요."

순간 머리가 감전된 듯하며 '아, 나 남들 눈에 보호자가 없구나'라는 생각이 들고 오랫동안 고민하던 차에 이혼해야겠다고 결심했다.

협의 이혼의 절차는 생각보다 간단했다. 자식들이 성인이

어서 이혼 숙려 기간은 비교적 짧은 1개월이 주어졌다. 23년 동안 살면서 우리 부부는 서로 미워하는 사이로 변해 있었다. 그런 사이로 지내느니 이혼하는 쪽을 택한 것이다.

어느덧 2주가 지났는데 그동안 숨이 잘 쉬어지지 않았았다. 그래서 병원을 찾아갔는데 공황장애 진단을 받았다.

가정법원에 가야 할 날이 다가올수록 공황장애는 심해졌다. 그런데 가만히 보니 남편도 나만큼이나 숨을 제대로 쉬지 못하는 것 같았다. 나와 비슷한 증상으로 보아 남편도 공황장애를 앓는 듯했다. 비록 이혼 서류에 도장을 찍은 사이지만 왠지 짠해 보이며 동병상련의 느낌이 들었다. 딱해서 위급할 때 쓰는 비상약을 나눠 주었다. 이런 상황에 약을 사이좋게 나눠 먹는다니 어이없어 헛웃음이 났다.

집에 있는 것이 더는 힘들어 여행이라도 가야 했다. 마음을 먹고 여행 가방을 꾸리기 시작했다. 공황장애가 걱정되어 약부터 챙겼다. 약은 나흘 치가 남아 있었다. 사흘 치를 가져간다면 하루치론 부족할 남편이 걱정되어 그만큼을 챙길 수가 없었다. 이틀 치만 챙기고 남은 이틀 치는 혹시 모를 남편을 위해 눈에 잘 띄는 곳에 두고 여행길에 올랐다.

혼자만의 시간을 보내고 돌아오니 어느덧 결판의 날이 코

앞으로 다가오고 있었다. 남편도 나도 공황장애에 힘들어 하루하루가 괴로웠다. 그렇지만 이혼을 포기하고 싶은 마음은 없었다.

그러던 어느 날 근 10년 동안 연락이 없던 친구에게서 전화가 왔다.

"친구야, 잘 지냈냐?"

나는 너무나 반가워서 눈시울이 뜨거워졌다.

"응, 잘 지내지."

그러고서 그동안의 회포를 풀다가 "나 이혼 도장 찍었어"라고 고백했더니 친구는 자기도 그랬다고 했다. 뜻밖의 일에 깜짝 놀랐다.

"너 지금 잘 살고 있는 거 아니야?"

"응, 난 두 번째 조정 때 가정법원에 안 갔어."

"왜?" 하고 물으니 "나중에 우리 애들이 결혼해서 손주를 낳으면 남편이랑 같이 가서 손주를 보고 싶더라고" 하고 대답했다.

나는 한 번도 생각해 본 적 없는 그 말에 진한 감동이 밀려왔다.

얼마 후 통화를 마치고 왜 하필 이 시점에 이런 전화가 왔는지 생각해 보았다. 그리고 이젠 애쓰지 말자는 결심을 내렸다. 기를 쓰고 살려 해도 안 되는 것이 부부고 기를 쓰고 헤어지려 해도 안 되는 것이 부부의 연일지도 모른다. 물이 흐르는 대로 살아가기로 마음을 굳혔다.

그 후로 이삼 년이 지나 어느덧 오순이 되었다. 남편과는 딱히 좋을 것도 싫을 것도 없는 사이가 되었지만 남편이 바쁘고 힘든 사람이란 걸 인정하고 이해하기 시작했다. 그리고 그래도 남편을 만나 예쁜 아이를 둘이나 얻었지 않은가, 하며 위안을 삼았다.

벤츠

하루는 친정 식구들 모임에 참석했다가 집안일로 작은오빠에게 화를 내며 자리를 박차고 가게를 나왔다. 술에 취한 채 뛰쳐나간 내가 걱정이 됐는지 두 언니는 연신 전화를 했지만 받지 않았다.

술도 깰 겸 수원 중심에 있는 팔달산을 올랐다. 술기운 탓인지 내 처지가 구슬프게 느껴졌다.
정상에 올라 벤치에 앉아 주위를 두리번거렸다. 지나다니는 사람들이며 산책 나온 개들이며 나만 빼고 모두 행복한 듯해 보였다.

두 시간쯤 지나 정신을 차리니 그 많던 사람도 개도 보이지 않았다. 해는 어느덧 머리를 숙이고 어두컴컴한 밤이 되어 있었다. 갑자기 으스스한 기운이 느껴져 가방과 겉옷을 챙겨 들고 일어나 급히 산을 내려갔다.

얼마 후 오솔길을 벗어나 일방통행 도로에 들어서는데 차 한 대가 불빛을 비추며 지나가더니 몇십 미터 앞에서 멈춰 섰다. 안이 보이지 않을 정도로 진하게 선팅이 된 벤츠였다. 벤츠는 움직이지 않고 마치 내가 가까이 오기를 기다리는 것 같았다. 무서운 느낌이 들어 나도 가던 길을 멈추었다.

벤츠가 나를 강제로 태우고 어디론가 끌고 갈 거 같은 불길한 예감이 들었다. 나는 뒤돌아 재빠르게 뛰었다. 그러자 벤츠가 후진하며 빠른 속도로 나를 향해 돌진해 오는 것이었다. 벤츠가 가까워질수록 다리가 풀려 주저앉아 버릴 것 같았는데 다행히 때마침 다른 차 한 대가 오는 것이었다.

그 차 때문에 벤츠는 더 이상 쫓아오지 못하고 그대로 가던 길을 가야만 했다.

나는 놀라서 서둘러 일방통행 도로를 빠져나와 대로에 도착했다. 그래도 진정되지 않는 가슴을 가라앉히려 일단 가까운 커피숍으로 들어갔다.

머릿속이 복잡했다. 정말 그 벤츠가 나를 납치하려고 한 것 같아 소름이 돋았다.

하지만 성찰했다. 도와주려고 한 작은오빠에게 화를 낸 일을 반성했다. 그리고 그동안 온통 부정적인 생각으로 가득 차 남 탓만 하며 살다 보니 이런 험한 일을 겪게 된 것이라고 여겼다.

충돌

    아내와 엄마로서 완벽하게 살고자 할수록 스트레스는 점점 더 쌓여 갔다. 아무것도 도와주지 않는 식구들에게 화가 나 견딜 수가 없었다.
    하루에도 몇 번씩 반복되는 집안일에 지쳐 설거지할 때면 절로 신음이 터져 나오곤 했다.

    그러다 결국 폭발하고 말았다. 설거지를 집어치우고 작은아들과 함께 바다를 보러 차를 몰고 동해로 떠났다. 그렇게 갑작스럽게 처음으로 작은아들과 단둘의 여행을 하게 되었다. 어디로 갈까 고민하다가 문득 젊었을 때 자주 갔던 정동

진이 보고 싶고 그곳에서 차박을 할 생각으로 내비게이션에 목적지로 설정하고 달리니 묵은 체증이 내려가는 듯했다. 작은아들도 기분이 좋은지 싱글벙글하며 휴게소에서 맛있는 거 먹고 가자고 했다. 그래서 휴게소에 들러 작은아들은 좋아하는 닭강정을 먹고 나는 커피를 마신 후 다시 정동진으로 향했다. 작은아들은 엄마와의 여행에 들떠 한참을 떠들다 피곤했는지 어느새 잠이 들었다.

그런데 갑자기 소나기가 억수같이 쏟아졌다. 한 치 앞도 보이지 않았다. 잠시 후 터널 안으로 들어가고 있는데 앞차가 쿵 소리를 내며 멈췄다. 나는 급브레이크를 밟아 다행히 앞차 코앞에서 멈춰 섰는데 바로 백미러를 통해 달려오는 뒤차를 확인하려는 순간 쿵 소리와 동시에 내 차가 앞차를 비켜나며 밀려 나갔다. 앞쪽에서 3중, 뒤쪽에서 2중 추돌 사고가 나고 만 것이다.

하필 우울하고 힘들어 바람 좀 쐬러 가출하듯 나온 날에 이런 사고가 나는 건지 원망스러웠다.

다행히 팔다리에 가벼운 찰과상만 입은 상태로 차 밖으로 나갔다. 그런데 내 차를 박은 뒤차의 운전자가 힘겹게 나오는 모습을 보고 할 말을 잃고 말았다. 그 운전자는 팔에 링거를 달고 있었다. 연세가 드신 그분은 얼마 전에 큰 수술을 받고 부모님을 뵈러 가다가 사고가 난 것이다. 나는 안쓰러워 전화번호만 받고 그분을 보내 드렸다. 그러고 나서야 여기저기 아픈 걸 알 수 있었다.

나는 그분 모습에서 아빠가 떠올라 마음이 짠했다. 그래서 사실 팔다리가 다 낫지 않았지만 일찍 합의해 드렸다.

나는 절대 뛰지 않는다

언제부턴가 나는 여유로운 사람으로 변했다. 웬만하면 잘 뛰지 않는 성격의 소유자가 되었다. 그렇게 느긋하게 살다 보니 마음도 몸도 편안해지는 걸 느꼈다. 원래는 그렇지 않았지만 그렇게 살려 한 의지가 만들어 낸 결과다.

나는 정리 정돈에 대한 강박증이 심해 하루하루를 쫓기듯 살았었다. 아이가 태어나고부터는 그런 성격은 더 심해져 궁둥이를 붙일 틈도 없이 치우고 정리하기를 반복하는 것이 일상이 되었다. 저녁이 되면 온몸은 녹초가 되어 힘들었다. 그렇다고 해도 누구에게 의지하거나 피해를 끼치고 싶지 않아 그 모든 것을 오로지 혼자 감당해 냈다.

이날도 뛰고 있었다. 뛰며 일을 하다 보면 쉬는 시간이 더 빨리 주어질 줄 알았다. 그런데 문득 이런 생각이 들었다. 집안일은 끝나는 것이 아니라 다시 시작되는 것이라는 걸. 나는 속으로 자신에게 '그래, 집안일은 어차피 안 끝나. 넌 쉴 수 없어. 쉬고 싶으면 지금 쉬어'라고 명령했다.

그때부터 여유로움을 찾아갔다. 일이 쌓이더라도 약속에 늦더라도 녹색 불이 깜박이더라도 천천히 걸었다.

다른 사람에게 조금 불편을 끼치더라도 내가 제일 소중하다고 여기며 행동했다. 나는 그동안 내가 아닌 다른 사람을 위해 살아온 것 같았다. 내 몸을 혹사하며 누구를 위해 그리 끝나지 않는 집안일을 뛰어다니면서까지 했는지. 그것이 병이고 문제인지 전혀 알지 못했었다. 더 이상 뛰고 싶지도 다른 사람을 위해서 살고 싶지도 않았다.

그렇게 천천히 걷다 보니 몸도 마음도 서서히 치유되었다. 천천히 걸으니 세상이 아름답게 보였다. 세상에 이렇게 예쁘고 좋은 것이 많았는데 모르고 살았다는 것이 억울했다. 그동안 이 많은 멋진 것을 눈에 담아 주지 못하고 살아온 나 자신에게 미안했다.

웃음보

 살기 위해서 매일 웃는 연습을 했다. 그러다 보니 어떤 상황에서든 웃는 습관이 몸에 배었다.

 어느 날 구멍 난 양말 친구와 술을 한잔했다. 술에 거나하게 취하자 친구는 자신의 고충을 힘들게 털어놓으며 눈물을 뚝뚝 흘렸다. 나는 가슴이 아프지만 뭐라 위로해 주어야 할지 몰랐다.
 친구는 급기야 오열했다. 그런데 그 모습에 갑자기 나도 모르게 습관적으로 웃음이 났다. 그러자 친구가 "야, 웃지 말라고"라며 화를 냈다.

마침내는 심한 욕을 얻어먹고 말았지만 웃음을 멈출 수 없었다. 모순적일지 몰라도 사실은 무척 슬퍼서 웃는 것인데 좀 억울했다.

　그런 중에 상황을 지켜보던 가게 여자 사장님이 그런 내가 이상했는지, 아니면 울고 있는 친구가 불쌍했는지 내게 다가와 나무랐다.

　"아니, 손님. 친구가 이렇게 울고 있는데 위로를 해 주셔야지, 그렇게 웃고 있으면 어떻게 해요?"

　그러게요, 사장님. 근데 저는 살려고 웃는 습관이 몸에 배어서요.

　결국 친구를 위로해 준 사람은 가게 사장님이었고, 나는 또 그 모습을 바라보며 웃음을 멈출 수 없었다.

가랑이

어느 날 술집에서 기다리고 있는데 구멍 난 양말 친구가 싱글벙글하며 나타났다. 나는 일단 친구의 옷에 음식물이나 커피 자국이 있는지 살펴봤다. 오늘은 웬일로 멀쩡해서 안심했는데 친구가 호들갑을 떨었다.

"야, 야, 큰일 났다."

"왜, 왜?"

"어떡하지? 이 바지를 너무 오래 입었더니 가랑이가 찢어졌어. 봐, 보이지, 여기" 하며 친구가 가랑이를 쫙 벌렸다.

나는 아연실색했다. 어찌 그런 야한 부위가 찢어졌는지. 차라리 얼룩진 바지가 낫겠다 싶었다.

나는 창피해서 술 마시지 말고 그냥 집에 가자고 애원했다. 친구는 절대 다리를 벌리지 않고 있을 테니 걱정하지 말라고 했지만 내내 신경이 쓰여 술맛이 제대로 나지 않았다.

모닝

 구멍 난 양말 친구는 몇 년째 하늘색 모닝을 탄다. 그 모닝이 너무 좋다며 평생 타겠다고 한다. 나는 부잣집 딸이 왜 굳이 그런 소형차를 타는지 이해하기 힘들었다.

 어느 날 친구는 그 모닝을 타고 신호 대기를 하던 중 음주운전을 하던 대형 트럭이 신호 위반을 하며 돌진해 들이받아 큰 사고를 당하고 말았다.

 다행히 친구는 많이 다치지는 않았지만, 그토록 아끼던 모닝이 크게 망가지고 말았다.

 친구의 어머님께선 이참에 고급 외제 차로 바꿔 주려 했지만 친구는 어처구니없게 그 모닝을 700만 원이나 들여

수리하고 계속 타고 다녔다.

　친구의 어머님은 다른 자식들과 달리 꾸미지 않는 그 딸이 늘 신경이 쓰였다.

　어느 날 그 어머님이 딸에게 원색적으로 말했다.

　"우리 동네에 비가 오면 미친년이 돌아다닌단다."

　"진짜? 그게 누군데?"

　"누구긴 누구야, 이년아. 너지."

　그래도 구멍 난 양말 친구는 그토록 털털하고 자신에게는 인색하지만 남에게는 베풀기를 좋아한다. 자신의 것을 아껴서 친구들과 술 마시고 밥 사 주고 커피도 빵도 사 주고 싶어 한다.

우리가 살아온 계단의 높이

 학창 시절 옆집에 사는 미옥과 아무도 끼어들 수 없을 만큼 둘도 없는 사이로 지내다 중학교 2학년 때 친구의 전학으로 인해 이별하게 되었다.

 오랜 세월이 지나 어느 날 생각지 않게 미옥에게서 전화가 왔다. 회사를 그만두었는데 같이 제주도에 가자는 것이었다.
 나는 기쁘고 행복해서 잠도 잘 오지 않았다. 나를 찾아 준 벗이 눈물겹게 고마웠다.
 나이 47세에 아이들은 다 크고 딱히 바쁜 일도 없고 그럭저럭 살 만해 외롭고 지루하기도 한 쳇바퀴 같은 나날이었었다. 그런 나에게 미옥과의 여행은 큰 의미가 있는 선물이었다.

비행기 티켓을 예매하려다 재작년에 홀로 제주도로 여행을 간 기억이 떠올랐다. 비행기에 올라 앉아 있었는데 또래로 보이는 남자 다섯 분이 기내로 들어와 각기 떨어진 자리에 앉더니 한 분이 의미심장한 말을 했다.
"오늘 밥은 누가 사야겠나?"
당첨자는 내 옆자리의 남자분이란 걸 알아챌 수 있었다. 다른 네 분은 남자끼리 앉아 있었지만 그분만 나와 앉아 있었기 때문이다.
그분들은 자신의 옆자리에 여자가 있는 사람이 밥을 사기로 내기를 한 모양이었다.
나도 보는 눈이 있는데 내 의사 따위는 아랑곳없는 얘기에 살짝 민망했지만 웃음을 참느라 힘들었었다.

그때의 재미난 기억으로 미옥에게 각기 떨어진 자리의 비행기 티켓을 구매해 옆자리에 멋진 남자가 앉는 사람이 커피를 사는 내기를 하자고 제의했다.
우린 비행기에서 그렇게 앉아 뒤돌아보며 혹시나 하는 마음으로 기대하고 있었다.

얼마 지나 "우리 비행기는 곧 이륙합니다"라는 안내 방송이 나왔다. 아직 나와 미옥의 옆자리는 비어 있는데…. 우리는 서로 바라보며 헛웃음을 지었다.

제주도에서 이튿날 아침에 성산 일출봉을 등반했다. 그동안 얼마나 운동을 하지 않았는지 둘 다 저질 체력이었다. 연세가 많아 보이는 어르신들도 잘 올라가는데 우린 헉헉거리며 올랐다.

그래도 마음이 맞는 친구와 함께 오르니 즐거웠다. 한 계단씩 밟으며 높이 오를수록 다가오는 풍경이 아름답고 고마웠다.

마침내 우리는 정상에 올라 희열과 행복을 만끽했다.

밤이 되어 블로그를 통해 분위기 좋은 술집을 찾아갔다. 칵테일과 안주가 유명한 곳이라고 해서 그런지 손님이 많았다.

분위기를 즐기고 있는데 옆 테이블에 20대 초반으로 보이는 청년 다섯이 앉았다. 그런데 그들은 안주는 비싸서 못 시키고 인증 샷을 찍으며 병맥주 한 병씩만 마시고서 자리를 비웠다.

그 청년들이 어찌나 안쓰럽던지. 좀 더 일찍 눈치를 챘더라면 아들 같은 청년들에게 안주 한두 개쯤은 시켜 줬을 텐데 아쉬웠다.

분위기가 망가져 비싼 칵테일과 안주는 먹다 말고 우린 포장마차로 자리를 옮겼다.

마지막 밤에 우리는 그동안 하지 못한 가슴속 이야기를 풀어놓았다.

미옥이 도시로 전학을 한 이후 친구의 빈자리는 컸다. 늘 그리워하며 지냈지만 그 어떤 소식도 없어 서운하고 나 혼자만 친구를 좋아했었나 하는 의심이 들어 속상했었다.

그 심정을 털어놓으니 미옥은 눈시울을 붉히며 단 한 번도 꺼낸 적 없는 이야기라며 들려주었다.

전학한 학교에서 고통스러운 일을 겪었다고 했다. 시골에서 왔다는 이유만으로 선생님과 학생들에게 집단 따돌림을 당했다고 했다.

마음이 착한 미옥은 부모님이 걱정할까 봐 그 일을 숨기고 오로지 혼자 감내해야 했다. 그런 와중에 내게 연락할 마음의 여유가 있었겠는가. 그때 힘들어하는 친구를 먼저 찾아 줬더라면 좋았을 것이라는 생각도 들었다.

우리는 밤새 그렇게 진솔한 얘기를 나누며 회포를 풀었다. 이제 다시는 헤어지지 말고 함께 계단을 더 높이 오르기를 소망했다.

큰언니의 진면목

큰언니를 보면 효도가 어떤 것인지 새삼 느끼곤 했다. 동두천에 살고 있는 큰언니는 직접 담근 고추장, 된장, 간장을 바리바리 싸 들고 전철을 타고 4시간이나 걸려 수원 엄마 집에 오곤 했다.

그런 큰언니를 볼 때면 왜 그렇게 궁상을 떠느냐며 핀잔을 주기도 했다. 그러면 큰언니는 이렇게 말했다.

"그럼 어떻게 하냐? 엄마가 좋아하는데."

사실 큰언니는 가난한 우리 집의 제일 큰 피해자였다. 남들 다 졸업하는 초등학교도 끝까지 다니지 못하고 공장으로 일을 하러 나갔다. 줄줄이 동생이 생겨나자 엄마, 아빠의 힘만으론 생계를 유지하기 어려워 공장으로 내보내게 된 것이다.

그럼에도 큰언니는 단 한 번도 그런 엄마, 아빠를 원망하거나 미워하지 않았다. 그럴 수밖에 없는 부모님의 마음을 받아들이고 상처받을 부모님을 생각해 어른이 된 후에도 그 얘기는 잘 꺼내려 하지 않았다.

그런 큰언니를 보노라면 나였다면 어땠을까, 하고 생각해 보곤 했다. 그러면 있던 불만도 쏙 들어가 버렸다. 사실 큰언니랑은 나이 차이가 많이 나서 그런지, 아니면 내 성격이 워낙 무심해서 그런지 그 당시엔 가정 형편이 어려워 공장에 들어갔다는 걸 정확히 알지 못했다. 다만 우리 집이 그 정도로 가난해 그 어린 큰언니를 공장으로 내몰 수밖에 없었던 것인지 마음이 아플 뿐이다. 나는 자라면서 언니, 오빠들 그리고 부모님에게 많은 사랑을 받았다. 그럼에도 불구하고 좋은 집과 환경에서 살지 못한다는 것이 늘 불만이었다. 큰언니가 집안에 맏이로 태어나 그런 고생을 했다는 것을 생각해 보면 나의 그 불평이 얼마나 배부른 소리였는지 내 자신이 부끄러울 뿐이다.

휴지

 엄마가 오랜 암 투병 끝에 호스피스로 가는 날 엄마의 통증은 심해지는데 평일이어도 차가 막혀서 초조했다.
 한 시간이면 충분한 거리를 세 시간 가까이 걸려 도착했어도 그제야 안도의 한숨을 내쉬었지만 이제 아픈 엄마를 병원에 두고 떠나야 한다니 우울해지고 슬픔이 밀려왔다.
 언니들은 운전한 나를 배려해 잠시 쉬게 하고 엄마를 부축해 병동으로 향했다.
 나는 눈물을 흘리며 그 모습을 바라보고 있었는데 엄마가 온 힘을 다해 나에게 손짓하며 "막내야, 막내야" 하고 불렀다. 엄마에게 슬퍼하는 모습을 보이기 싫어 눈물을 재빨리 닦고 "엄마, 왜?" 하며 달려갔다. 나는 엄마가 내게 무언가 소중한 것을 남겨 주고 들어가려고 하시는가 보다고 살짝 기대했다.

엄마는 기대와는 달리 구겨진 휴지를 주었다. 엄마는 쓰레기통을 찾지 못해 급기야 나에게 버리라고 준 것이었다. 엄마는 정말 바른 생활 습관이 있는 분이셨다.

그런 엄마는 때론 자식들에게도 손해를 끼칠까 봐 자신이 다 감당하고 희생만 하시며 사셨다. 홀로 얼마나 외로우셨을지.

엄마가 돌아가시고 나니 엄마의 빈자리가 크게 느껴진다. 나는 아직도 엄마의 그 모습을 잊을 수가 없고 그립다. 지겹도록 밥 먹으라는 소리가 엄마의 최고 사랑 표현이었음을 돌아가시고 나서야 비로소 깨달았다. 늦었지만 이제라도 엄마에게 고맙고 사랑한다고 말하고 싶다.

시아버지의 며느리 사랑

시아버님은 나를 지나치게 예뻐하셨다. 시아버님의 과한 사랑은 나를 무척이나 괴롭게 했다. 시아버님은 자주 우리 집으로 오셨다. 오시기 전에 알려 주시는 경우는 거의 없었다. 그로 인해 나는 항상 긴장 상태에 놓여 있었다. 월남전 참전 용사였던 시아버님은 집에 오시면 문 앞에서 "현중아, 빨리 문 열어라"라고 큰 소리를 치셨다. 몇 년간 그렇다 보니 노이로제에 걸렸다.

스트레스는 여름에 더욱 심했다. 무더위에도 언제 오실지 모를 시아버님으로 인해 집에서 늘 속옷을 착용해야 하고 옷차림새도 신경 써야 하니 불편하고 힘들었다. 최소한

오시기 10분 전에라도 전화하신다면 편한 복장으로 있다가 여유롭게 옷매무새를 갖출 수 있을 텐데 말이다.

성격이 불같은 시아버님이 빨리 문을 열라고 소리를 고래고래 지르실 때면 허둥지둥했다. 그렇게 스트레스를 주고 집에 머무는 시간은 길어야 고작 30분이었다.

시아버님이 우리 집에 자주 오시는 이유는 예뻐하는 며느리에게서 커피를 한잔 얻어먹기 위해서였다. 커피를 즐기시는 시아버님은 맛 또한 기가 막히게 알아맞히셔서 스타벅스 캡슐 커피를 드실 때만 어김없이 "아, 맛있다"라고 하셨다.

시아버님은 어부셨다. 바다에서 좋은 고기를 잡는 날에는 우리 집으로 가져오셨다. 우리 예쁜 아기는 이런 거 만지지 말라며 주방에 가서 직접 손질까지 하시고 찌꺼기는 음식물 쓰레기봉투에 버려 주셨다. 그럴 땐 정말 자상하게 느껴졌다.

그랬던 시아버님은 건강 검진 때 폐에 혹이 발견되었다. 어떻게 할까 고민하다가 가족과 의논 끝에 수술을 받기로 결정했다.

수술은 잘되었다. 하지만 퇴원하시기 전에 감기와 합병증인 폐렴으로 인해 돌아가시고 말았다.

시아버님의 갑작스러운 죽음은 나에게 무척 힘든 것이었

다. 그동안 불만이 쌓여 투덜투덜했던 것들이 미안하고 죄스러워 하염없이 눈물이 흘렀다. 모든 게 시아버지의 며느리 사랑이었는데….

내 이름은 막내

　나는 일란성 쌍둥이 자매의 첫째로 태어났다. 둘째였던 쌍둥이 동생은 불행히도 사산되었다. 나도 정상이 아닌 저체중아였고 발육도 느리고 병치레를 많이 해 출생신고도 바로 하지 못하다가 엄마가 정성껏 약을 먹이며 정상아로 만들어 2년 뒤에야 할 수 있었다.

　그러한 사유로 아빠는 때때로 쌍둥이 동생의 죽음이 안타깝고 아쉬워 살아 있었으면 나와 똑같이 생겼을 녀석이 하나 더 있어 좋았을 텐데 하시며 한탄하시곤 했었다. 그래서인지 아빠는 무뚝뚝하지만 당신의 방식으로 어릴 적부터 나를 무척이나 아끼고 사랑해 주셨다.

정말 엄마가 낙태하기 위해 복용한 약 때문이었는지 계단 구르기 때문이었는지는 모르지만, 엄마는 모든 것을 자신의 탓으로 돌리며 평생을 힘들어하셨다.

엄마는 살아생전 대장암과 치매를 앓다가 병세가 악화되어 호스피스 병동에 입원하게 된 것이다. 우리 오 남매는 엄마가 투병하는 2년 동안 당신이 평소에 바라던 대로 병간호를 단 한 번도 다른 사람에게 맡긴 적이 없었다. 그런 중에 묘하게 엄마가 돌아가시기 하루 전에 내가 병간호 당번을 맡게 되었다.

이런저런 생각을 하며 자동차로 두 시간을 달려 호스피스 병동에 도착해 보니 엄마는 저번 주에 봤던 모습에 비해 많이 변해 있었다. 정말 이별의 순간이 얼마 남지 않았다는 것을 느낌으로 알 수 있었다. 우리 엄마는 부서질까 봐 도저히 볼 수도 만질 수도 없는 상태가 되어 있었다. 너무 미안하고 마음이 아파서 가슴이 찢어질 듯했다.

엄마는 아무리 불러도 나를 알아보지 못했다. 전날 당번인 작은언니는 분명 엄마가 자기를 알아본다고 했는데. 이날은 전혀 나를 알아보지 못했다. 나는 당황스럽고 놀라서 간호사실로 뛰어가 우리 엄마가 자식을 못 알아보니 빨리 오셔서 봐 달라고 부탁했다. 그러자 한 간호사분이 엄마에게 가서 이런저런 질문을 했다. "할머니, 여기 누구야? 기억나?

할머니, 자식 있어요?"라는 물음에 우리 엄마는 "아니요, 없어요" 하고 말았다.

그러고 나서 엄마는 두 눈을 감은 채 힘든 고통과 싸우셨다. 밤이 되니 엄마는 더 큰 고통에 몸부림치셨다. 그 모습을 보고 있으니 나에게도 참을 수 없는 고통이 밀려왔다. 나는 옆에서 해 줄 수 있는 게 아무것도 없었다.

그런데 이날 밤 기적이 일어났다. 자식이 없다던 엄마는 종국에는 온 정신을 집중해 자식들을 기억해 내고 허공에 손을 뻗어 온 힘을 다해 큰 목소리로 자식들의 이름을 순서대로 부르셨다. 그런 중에 나는 진짜 내 이름을 부르시기를 기대했지만 엄마는 마지막까지 나를 막내라고 부르셨다. 그리고 이튿날 새벽에 우리 곁을 떠나셨다. 아빠가 간암 투병 끝에 떠나신 지 6년 뒤인 향년 76세, 엄마가 좋아하던 계절인 봄 5월 13일이었다.

사실 엄마에게 아픈 손가락은 하나 더 있었다. 자폐증 성향이 있는 큰오빠다. 큰오빠는 여덟 살 수준의 지능을 지닌 지적 장애인이다. 엄마는 그런 큰오빠 뒷바라지로 평생을 살다 세상을 떠나셨다.

엄마가 돌아가시고 나서 큰오빠는 혼자 남게 되었다. 아무도 큰오빠를 찾는 사람은 없었다. 엄마 품을 잃은 큰오빠는 졸지에 길을 잃은 미아 같아 보여 마음이 아팠다. 그런 아이 같은 큰오빠를 두고 눈을 감았을 엄마 모습에 눈물이 멈추질 않았다.

나는 온통 큰오빠 걱정으로 힘들어하는 엄마에게 약속한 것이 있었다. 큰오빠는 내가 책임질 테니 걱정하지 말라는 것이었다.

엄마가 떠난 슬픔만으로도 벅찬 일이었지만, 앞가림도 못하는 큰오빠를 돌봐야 한다는 책임감은 큰 부담감으로 다가왔다.

큰오빠가 살아갈 방법을 강구하기 위해 데리고 행정복지센터를 찾아가 알아보았다. 행정복지센터에서는 병원에서 큰오빠의 지능 검사를 받고 오라고 일러 주었다.

그래서 병원을 몇 군데 찾아다니며 큰오빠를 검진받게 했다. 그런 후 한 종합병원 정신건강의학과에서 검진 결과가 나왔다고 해서 다시 그 병원을 찾아갔는데. 의사 선생님의 설명을 듣고서야 큰오빠의 지능이 열 살 미만의 어린아이 수준이라는 걸 알게 되었다. 큰오빠가 지능이 보통보다 낮은 수준이라는 걸 알고는 있었지만, 그 정도의 수준이라는 사실을 알고서 나는 다리가 풀려 주저앉고 말았다. 큰오빠도 그렇지만 그런 그를 보살피며 고생하셨을 엄마 생각에 가슴이 미어졌다.

그 후로 큰오빠는 조금씩 안정을 찾아갔지만, 가끔 큰오빠와 만나는 날이면 그는 어제는 비가 많이 와서 엄마가 너무 보고 싶었다고 울고 때론 꿈에 엄마가 나타났다며 하루 종일 울었다고 하소연하기도 했다.

그럴 때면 여덟 살 수준의 덩치만 큰 어린 큰오빠를 어떻게 달래야 할지 막막하기만 하다. 솔직히 나도 같이 울고 싶을 뿐이다. 하지만 그런 큰오빠를 진정시켜야 하기 때문에 울 수가 없다.

나는 막내지만 엄마와의 약속과 책임감으로 힘들어도 엄마 대신 큰오빠를 돌보는 가장 노릇을 하고 있다.

가족은 나를 힘들게도 하지만 때론 살게 하는 힘이기도 하다. 세상에서 나에게 가족만큼 소중한 것은 없다. 언니, 오빠들은 내가 막내라는 이유로 응석도 받아 주고 배려도 많이 해 주었다. 가족은 부모님이 내게 물려주신 제일 큰 유산이다.

마지막 순간까지도 오로지 자식들을 위해 희생하시며 내게 했던 것처럼 나도 당신처럼 살까 한다. 새싹들이 돋아나고 꽃들이 만발하는 5월이 돌아오면 나는 엄마 품에 안긴 것처럼 편안해지려 한다.

06

나는 변한 것이 아니라 다시 찾은 것

용서

　우리 엄마는 노래를 잘 불렀다. 명절이나 생신날에 가족들이 모여 노래방에 갈 때면 엄마의 애창곡인 이미자 선생님의 〈여자의 일생〉이라는 곡을 들을 수 있었다. 엄마는 그 곡을 그동안 쌓인 한을 토해 내듯 불렀는데, 마치 엄마의 애환을 한 편의 영화로 보는 듯해 식구들은 하나같이 안타까운 눈물을 훔치곤 했다. 엄마가 흘리는 눈물의 의미를 굳이 설명하지 않아도 알 거 같았다.

　중학교 시절 삶에 찌든 엄마의 모습을 보는 것이 너무 힘이 들었다. 그래서 나는 엄마를 외면하는 쪽을 택했다. 고등학생이 되면서 좀 철들어 엄마가 조금씩 안쓰러워 보였다. 또 한편으론 그렇게 사는 엄마가 너무 싫어 나는 성인이 되면 절대 엄마처럼은 살지 말아야겠다고 다짐했었다.

　엄마는 여덟 살 수준의 지적 장애를 가진 큰오빠에게 언제나 전전긍긍하며 모든 것을 다 해 주기에 정신없었다. 큰오빠는 점점 엄마 없이는 아무것도 할 수 없는 무능한 사람으로 변해 집 밖으로는 한 발짝도 나가려 하지 않았다. 자폐성 성향을 지닌 외톨이가 되어 간단한 콜라나 아이스크림이나 심지어 담배까지도 모두 엄마에게 심부름을 시키곤 했다. 그런 엄마의 수발에 우리 가족은 괴롭고 못마땅해했다. 큰오빠를 저리 만든 게 엄마 때문이라며 탓하고 원망했다.
　그 피해는 가족 모두에게 돌아왔다. 엄마가 큰오빠에게 쩔쩔매는 모습에 다들 화가 나고 스트레스가 쌓여 집에 가고 싶어도 갈 수가 없었다. 명절 때도 하루 더 있고 싶어도 밥만 먹고 돌아가곤 했다. 엄마가 큰오빠 심부름을 하는 모습이 꼴 보기 싫었기 때문이었다. 그렇다고 큰오빠에게 화를 낼 수도 없었다. 엄마가 집안의 평화를 위해 모른 척하고 넘어가 달라는 것이 우리 남매에게 바라는 소원이었기 때문이다.
　그러던 어느 날 속상해하는 우리 남매에게 엄마가 이런 말을 했다.

"혹시 아냐? 나중에 내가 아파서 누워 있으면 저놈이 그토록 속 썩인 거 미안해서라도 나를 지극정성으로 간병할지…."

엄마의 그 기대에 우리 남매는 하나같이 코웃음을 쳤다.

"에구, 웃기네. 퍽이나 그러겠다."

너 나 할 것 없이 한마디씩 했다.

그런데 엄마가 대장암에 걸리고 말기가 되어 간병이 필요하자 정말 큰오빠가 달라졌다. 지극정성으로 엄마를 간병했다. 죽을 끓이고 반찬을 만들어 드시게 하고 한시도 엄마 곁을 떠나지 않고 병간호했다.

그것이 내가 지금 그나마 큰오빠를 미워하지 않고 용서하고 돌보고 있는 이유 중의 하나인 셈이다.

감히 누가 누구를 용서한다고 할 수 있을까마는 내가 어릴 적 우리 가족은 큰오빠로 인해 늘 불안에 떨어야 했다. 나도 언니, 오빠들도 부모님도 큰오빠로 인해 불행했던 건 사실이다.

그러나 그렇게 태어나고 싶거나 그런 환경에서 살고 싶어서 태어나는 사람은 없을 것이다. 어차피 주어진 환경은 바꿀 수 없지만 받아들일 수는 있다.

고통은 나를 부인하는 순간 찾아오는 것이 아닐까 싶다.

받아들이면 고통은 사라진다. 살아 보니 인생은 별것이 아닌 거 같다.

그리 살아온 우리 엄마의 인생도 그리 태어난 큰오빠의 삶도 그저 안쓰러울 뿐이다.

동병상련

 아빠가 돌아가시고 불과 6년 만의 엄마의 죽음은 받아들이기 힘들었고 견디기 어려운 정신적인 고통이 지속되어 또다시 정신건강의학과를 찾았다.

 하루하루가 힘겹고 나를 이해해 주는 사람은 아무도 없는 기분이고 이 세상에 나만 외롭다는 생각이 들어 왠지 모르게 억울하다고 울며 주치의에게 하소연했다.

 주치의는 나를 진정시키며 차분하게 말했다.

 "그럼 약을 하나 더 추가해서 드셔 보시죠."

 나는 대뜸 화를 냈다.

 "왜 자꾸 약을 추가해서 먹어요?"

주치의도 서랍 속에서 여러 개의 약봉지를 꺼내 테이블에 놓으며 버럭 화를 내며 말했다.

"자, 보세요. 이건 고혈압 약, 이건 우울증 약…. 저도 이렇게 많은 약 복용하며 살아요. 그깟 약 하나 더 먹는 게 뭐 그리 대수라고? 먹고 안 아프면 되는 거지."

주치의는 흥분을 가라앉히고 말을 이었다.

"사실은 저번 주에 친형이 불의의 사고를 당했어요. 저도 울고 싶지만 나 믿고 찾아오는 환자들 얘기 들어 줘야 하니까 마음대로 울 수도 없어요."

나는 민망해서 눈물이 쏙 들어가고 말았다.

유산과 오해

　엄마가 돌아가시고 나서 큰오빠를 돌봐야 하는 일이 넘쳐났다. 언제까지 이렇게 돌보며 살 수는 없는 노릇이었다. 막내인 내가 왜 이런 감당을 해야 하는지도 이해되지 않았다. 큰오빠의 상태는 생각했던 것보다 더 안 좋았다. 큰오빠는 누구 말을 듣거나 온순한 성격이 아니어서 다른 남매들은 그런 큰오빠를 돌보려 하지 않았다. 나 또한 그러한 큰오빠를 뒷바라지하기가 힘들었지만 그저 할 수 있는 데까지 해보기로 했다.

　나는 막내지만 엄마가 남기고 간 유산을 도맡아 정리하기로 했다. 유산이라고 해 봤자 통장에 남은 26만 원과 내가 사 준 집이 전부였다. 언니, 오빠들은 집을 팔아 똑같이 나눠 가지자고 제안했고 나도 그렇게 하는 것에 동의했다. 그러나 언니, 오빠들이 혹여 내가 집을 아예 가져 버릴까 봐 불안해하는 눈빛을 보일 때면 서운한 감정이 밀려오곤 했다. 그런 중에 걸림돌이었던 큰오빠가 다행히 부모님과 같이 살던 집에서 계속 살기 싫다며 다른 곳으로 이사하길 희망해서 우린 집을 파는 돈으로 작은 원룸을 하나 얻어 큰오빠를 이사시켜 주는 것으로 결론지었다.

큰오빠를 데리고 재차 행정복지센터를 찾아갔다. 집도 직업도 없이 나이만 많은 어린아이 같은 큰오빠를 기초생활수급자로 만들기 위해서였다. 복지 담당자는 잘 차려입은 나와 허름한 차림의 큰오빠를 번갈아 쳐다보았다. 나는 복지 담당자와 상담을 통해 큰오빠의 사정을 얘기하고 다시 날을 잡은 후 일어섰다. 그리고 뒤돌아 나가려는데 복지 담당자가 나를 째려보는 듯했다.

다음번 상담이 있던 날 복지 담당자가 의심스러운 말투로 질문을 했다.
"그 집 혹시 선생님 앞으로 가져가시는 건가요?"

복지 담당자의 질문이 무슨 의미인지 알 수 있었지만 나는 그냥 "네"라고만 대답했을 뿐이었다. 누가 봐도 그렇게 생각할 수 있는 상황이란 걸 알기에 더 이상 아무 말도 못 했는지 모른다.

이날 저녁 나는 왜 나 혼자 큰오빠를 데리고 다니며 이런 고생을 해야 하는지, 또 내가 왜 이런 수모를 당해야 하는지 속이 상해 미칠 것 같았다. 누군가라도 붙잡고 하소연하고 싶었다. 미우나 고우나 신랑에게 전화를 걸었다. "자기야, 오늘은 집에 일찍 올 수 있어? 나 할 말 있는데"라며 부탁을 했다. 신랑은 "알았어" 하고 대답했다. 그러나 결국 신랑은 술에 취해 밤늦게 들어왔다. 무척 서운했다. 그것이 신랑과 더 멀어지게 된 계기이기도 했다.

모든 것에 견딜 수 없이 화가 났다. 매일 혼자 있는 것도 이렇게 힘들 때 곁에 있어 주지 않는 신랑도 언니, 오빠가 많은데 나 혼자 이러고 다니는 것도 그 모든 것이 싫고 원망스러웠다. 다 버리고 어디든 도망이라도 치고 싶었다.

혹여 자기들 몫을 안 줄까 봐 걱정하는 언니, 오빠들의 눈빛과 큰오빠의 몫을 뺏어 가는 것으로 보는 복지 담당자의 눈빛이 어우러져 마치 심장이 칼로 도려내지는 아픔이 느껴졌다.

마지막 절차를 밟으려 행정복지센터에 갔다. 서류를 작성하는 내내 바늘방석에 앉아 있는 기분이었다. 그런데 항상 나 몰라라 하고 먼발치에서 구경만 하던 큰오빠가 복지 담당자 옆으로 갔다. 그러곤 그에게 말을 건넸다.

"나는 수원 집이 싫어요. 엄마랑 같이 살아서 그런지 엄마 죽고 어디선가 문소리만 들려도 엄마가 들어오는 것 같아서 엄마 생각나서 눈물이 계속 흘러 살 수가 없어요. 그래서 동생한테 다른 데 알아봐 달라고 했어요."

복지 담당자는 눈을 동그랗게 뜨며 "아, 그래요?" 하고서 나를 힐끔 쳐다보며 환하게 웃었다. 그리고 나를 대하는 태도가 달라졌다. 다행히 뜻밖의 큰오빠의 해명으로 오해가 풀리게 되었다.

은혜 어머니

　지인 중에 은혜 어머니라는 분이 계시다. 그분은 우리 엄마가 돌아가시고 나서부터 나를 살뜰히 바라지해 주셨다. 여름이면 상추, 고추, 옥수수 등 여러 가지 채소를 한가득 상자에 담아 챙겨 주셨다. 명절이 되면 나를 불러 손수 빚은 만두와 전을 먹이곤 집으로 돌아갈 때엔 내가 보이지 않을 때까지 3층 베란다 창문에서 손을 흔드셨다. 그런 모습을 볼 때면 어김없이 엄마가 떠올라 눈시울이 붉어졌다.
　사실 은혜 어머니는 우리 엄마의 제일 친한 친구였다.
　엄마가 돌아가시고 한 달 정도 지난 때쯤 은혜 어머니에게서 전화가 걸려 왔다.

"막내딸, 잘 지내? 내가 참다 참다 전화한 거야. 오늘은 우리 친구가 너무 보고 싶네" 하시며 하염없이 흐느껴 우셨다. 어찌나 슬피 우시는지 나도 엄마가 그리워 눈물을 흘렸다.

엄마는 병상에 누워 있을 때 은혜 어머니를 몹시 그리워했다.

"내가 죽기 전에 은혜 엄마를 마지막으로 한번 볼 수 있으려나?"라고 몇 번이고 되뇌었다. 그러나 병이 급격히 악화되어 그 소원은 끝내 이루어지지 않았다.

은혜 어머니는 엄마가 임종하기 전에 만나지 못하고 헤어진 것이 못내 아쉬웠는지 아직도 엄마 얘기를 하면 많이 우시곤 한다. 비록 엄마는 돌아가셨지만 나를 딸처럼 아껴 주시는 은혜 어머니를 볼 때면 나는 참 복이 많구나, 라는 생각이 든다.

잠들지 않는 밤에

 남자아이 둘을 키우던 젊은 시절엔 머리를 기대고 눈을 감으면 쏟아지던 잠이었다. 일어나기 힘든데 지겹게 울려대는 알람 소리에 노이로제에 걸릴 정도로 아침잠이 많았었다. 잠결에 알람을 끄고 제때에 못 일어나 아이들이 학교에 지각하는 일이 예사였다. 막내아들의 고등학교 졸업식에서는 알람으로부터의 해방감과 이제 아침잠을 많이 잘 수 있겠다는 기대에 쾌재를 불렀었다.

 그러나 오히려 그 후로 그렇게 잘 자던 잠은 종적을 감추고 불면증이 찾아왔다. 어떤 날은 새벽닭이 울 때까지 잠들지 못하기도 하고 설령 일찍 잠이 들기라도 한 날에는 새벽 닭이 울기도 전에 너무 일찍 깨어나 우두커니 앉아 있기도 한다. 잠이 오지 않는 밤은 너무 길고 괴로웠다. 잠 못 이루고 깨어 있다 보면 어둠의 긴 터널을 지나는 것 같은 느낌이었다.

그러던 어느 날 불면의 밤에 남편과의 현주소를 깊이 생각해 보았다. 남편은 첫사랑이었는데, '첫사랑은 이루어지지 않는다'는 속설을 깨고 결혼한 것을 보면 그토록 서로 사랑하지 않았나 싶다.

하지만 결혼하고서 10년 동안 하루가 멀다 하고 부부 싸움을 했다. 그러고서 올해로 결혼 생활 25년이 되도록 그저 친구 같은 사이로 지내고 있다. 그런 남편은 어느새 그리 나이 먹어 버렸는지 왠지 마음이 짠하다. 나이를 먹으니 안 보이던 면이 느껴지고 그 모든 것들에 감사하고 새삼 미안한 마음이 든다.

이런 생각을 일찍 했더라면 젊은 시절의 결혼 생활은 달라지지 않았을까 싶다. 그렇다고 하루아침에 고마워, 당신, 하면 남편이 놀랄까 봐 차츰 표현해 주기로 마음먹어 본다.

요즘 이런 생활이 시간이 흐르면 지나가겠지 싶기도 하고 때론 우울하기도 하고 지치기도 한다. 한편으론 머리끝까지 화가 나서 붉으락푸르락하기도 한다.

어느 날 음식점에서 함께 식사를 하면서 남편에게 이렇게 말했었다.

"자기야, 나 글을 하나 써 보려고 그래. 제목은 철이 들어 버린 갱년기. 어때?"

"자기야, 그냥 철이 들기 싫은 갱년기로 해."

다정하게 살며 늙고 싶었는데 신랑이 외면했다.

그래도 잠들지 않는 밤에 한 단계씩 앞으로 나아가기 위해 숙고하고 있다.

나는 변한 것이 아니라 다시 찾은 것

나는 결혼한 후로 나를 위해 돈을 쓸 줄도 투자할 줄도 모르는 평범하고 검소한 사람이었다. 이미 오래전에 아이들을 키우며 나를 위해 돈을 쓰는 것 자체를 사치로 여기는 사람으로 변해 있었다.

어느 날 대장 용종 절세술 후유증으로 불면증과 우울증에 시달리던 중에 이렇게 살다가 갑자기 내일 죽으면 억울할 거 같아 더 늦기 전에 나를 위해 살아 봐야겠다는 결심이 섰다.

그래서 누구나 알 법한 명품 가방을 인터넷을 통해 구매했다. 그러고서 내가 정신이 어떻게 됐나 싶었지만 식구들은 이해해 줬다. 그럴 수 있다고 여기며 넘어가 주었다.

하지만 며칠 후 나는 다른 명품 가방을 또 사고 말았다. 이번엔 두 아들과 남편의 반응은 전과 달리 내심 화가 난 듯했다. 내 앞에선 이해하는 듯하지만 전혀 이해하는 거 같지 않았다.

식구들의 반응이 기분이 나빠서인지 오기가 발동했다. 내가 지금껏 얼마나 고생하고 살았는데, 자기들 뒷바라지하느라 죽어라 고생했구먼…, 하며 화가 났다. 그깟 명품 가방이 뭐가 그리 대수라고? 나는 그 뒤 또 다른 명품 가방을 하나 더 샀다. 그러자 식구들은 나를 이상한 사람 취급을 하는 것이었다. 그래도 나는 단 한 번도 명품 가방들을 산 것을 후회해 본 적이 없다.

서운했다. 대장 용종 절제술을 받다가 깨어나 죽었다 살아나서 인생 참 허무한 듯한데 그깟 명품 가방 몇 개 산 게 이런 취급당할 일인가 하는 생각이 들었다.

나는 사실 명품 가방을 사고 있던 것이 아니었다. 내 인생을 사고 있던 것이다. 내 인생을 찾을 수 있을지 없을지 갈림길에서 나를 시험하고 있었던 것이다.

억눌렸던 욕구가 솟구쳤다. 에이, 이렇게 된 거 옷도 사자. 옷장에는 시장에서 산 오천 원짜리 싸구려 티만 수두룩했다. 그렇게 나는 변해 가고 있었다. 좋은 옷과 하이힐도 사고 예쁘게 화장하며 나를 가꾸었다.

 사실 나는 이 모든 것에 익숙한 사람이었다. 소싯적 맨얼굴로는 집 앞 슈퍼에도 나가지 않는 꾸미기를 좋아하는 아가씨였다. 검은 봉지를 들고 다니기 싫어하고 길을 걸으며 먹는 것을 창피하게 여긴 폼생폼사 처녀였다.
 그런 여자가 한 남자와 결혼을 해 도시에서 시골로 들어와 집 앞에 보이는 것이 논밭인 이곳 생활이 그리 행복하지만은 않았다.
 그런 내가 변해 가자 동네 사람들은 한마디씩 해 댔다.
 "현중이 엄마 많이 변했네!"
 "현중이 엄마 딴사람 같네!"
 그 말들이 비꼬는 의미이든 좋은 의미이든 듣고 싶지 않았다. 그런 반응이 하나둘 늘어날수록 점점 신경이 쓰였다. 그럴 때면 당신들이 뭘 알아? 내가 얼마나 힘들었는지, 어떤 고통을 겪었는지 알기나 알아? 하며 소리라도 치고 싶은 심정이었다.
 답답한 마음에 혼자 여행이라도 갔다 오면 이 좁은 시골 마을엔 무슨 큰일이라도 난 듯 "누구랑 어디에 갔다 왔어?"라며 구설수가 난무했다.
 나 좋으면 그만이지 남 신경을 뭐 하러 쓰냐고 할 수 있겠지만 작은 시골 마을에 살면서 전혀 신경이 쓰이지 않는다는 것은 거짓말일 것이다. 시골 생활은 도시 생활보다 더 그런 것이었다.

그렇게 1년여가 지나니 사람들은 변해 있는 나를 달리 보았다. 그저 내가 원래 그랬던 것처럼 여겼다. 오랜만에 보는 사람이 누군가에게 "현중이 엄마 딴사람으로 변했네"라고 하면 "그 아줌마 원래 잘 꾸미고 다녀"라고 했다.

어쨌든 나는 다른 사람 시선 따위는 신경 쓰지 않는 사람으로 변해 있었다. 누가 뭐라고 한다고 해도 내 갈 길을 가는 사람이 되어 있는 것이다. 인생이 남을 신경 쓰며 살 만큼 그리 긴 시간이 아니라는 것을 깨우친 것이다.

이런 과정을 겪으며 고무적인 점을 깨달았다. 나는 변한 것이 아니라 다시 찾은 것이라는 걸. 내 모습은 결혼하기 전인 20대 초, 중반과 똑같은 모습을 하고 있었다. 나는 신기할 만큼 그 시절의 그 스타일을 찾았을 뿐이다. 나는 변한 것이 아니라 본모습을 찾은 것이다.

해설

깊은 사유와 성찰을 통한 철학

김명석(시인, 수필가, 소설가)

태아 때부터 오순 때까지의 에피소드를 유년 시절(01 아픈 손가락), 학창 시절(02 화성목장), 처녀 시절(03 보금자리), 결혼 후(04 은행, 05 내 이름은 막내, 06 나는 변한 것이 아니라 다시 찾은 것) 순서로 연대기적으로 구성한 『내 이름은 막내』는 자전적 에세이다.

자신의 인생을 진실한 글로써 공개하기는 쉽지 않은 일이다. 자신의 추함을 다 드러내야 할 뿐만 아니라 자신에 대한 이해보다 편견을 불러일으킬 수 있으며, 가족은 물론 지인들에 대해 솔직하게 언급해야 하기에 상당한 용기가 필요하다. 당사자들은 자기에 대한 글에 민감하고 상처를 받기도 한다. 심지어는 좋았던 관계가 나빠지기도 한다.

작가는 자신에 대한 에피소드나 가족과 지인들에 대한 에피소드를 조심스러워하면서도 할 수 있는 만큼 용기 있게 진솔히 표현했다.

수필은 사실 그대로 진실하게 써야 한다. 삶이 진실한 만큼 수필도 진실해야 하기 때문이다. 작가는 그러한 장벽을 딛고 진실하게 표현했기에 그 작품들이 공감되고 가슴에 깊이 와닿고 여운이 오래 남는다.

작가는 태아 때에 고난을 당하고 태어나면서부터 쌍둥이 자매 동생과 사별해야 하는 남다른 아픔을 겪어야 했다. 작가는 태아 때의 고난으로 인해 아기 시절에 생사를 장담할 수 없을 정도로 병치레를 많이 겪었지만 그 고난과 어려움을 극복해 낸 힘이 밑바탕이 되어 강인하게 살아왔다.

비록 작가는 초등학생 때 다리미에 얼굴을 데어 힘든 어린 시절을 보냈지만 그동안 강인한 정신력으로 험한 항해 중의 상처와 아픔을 다림질하고 또한 삶을 모양 있게 마름질하고 바느질하며 가꾸어 왔다.

온갖 방법으로 지우려 했던 아픈 손가락은 오히려 발목을 잡아 엄마는 자칫 불행의 늪에 빠질 수 있었지만 행복의 길을 걸을 수 있게 되었다. 죽음을 극복하고 세상의 빛을 본 작가는 어린 시절부터 가족과 친구들 그리고 지인들을 행복하게 해 주는 빛이 되었다.

작가의 엄마는 미안함과 죄의식에 막내딸을 애지중지했지만 오히려 작가는 엄마가 자기에게 집착하는 것을 극히 싫어했고 그러한 엄마가 되지 않기로 결심했다. 그러나 "너도 나중에 꼭 너 같은 딸 낳아서 키워 봐라. 그러면 이 어미 마음 알 것이다"라고 충고한 엄마처럼 비록 딸은 아니지만 자신도 아들들에게 집착 증세를 보여 엄마를 빼닮은 꼴이 되었다.

고등학교 2학년 때 남자 친구를 몰래 만나러 버스를 탔다가 엄마가 버스를 세우면서까지 하며 승차해 "막내야, 일찍 들어와라"라고 한 에피소드와 작가의 큰아들이 동네 술집에서 친구들과 신나게 어울리고 있을 때 작가가 자정이 넘어서도 들어오지 않는 그가 걱정되어 그곳까지 찾아간 에피소드는 모녀의 집착에 대한 절묘한 데칼코마니다.

그 사건으로 그동안 엄마 말을 잘 듣고 착하기만 했던 큰아들이 처음으로 반항하자 작가는 그로 인해 자신의 집착을 성찰하고 정신건강의학과 전문의와 상담까지 하면서 그러지 않기로 각오하게 되었다.

  부모님이 모두 세상을 떠난 후에는 엄마의 집착도 아빠의 가죽피리도 애착으로 깨닫고 한 번만이라도 그것들을 느낄 수 있다면 좋겠다는 절절한 그리움이 묻어 있다.

  작가는 어질고 인정이 많다.

  야간 근무를 하며 고생해서 번 돈으로 내 집 마련의 꿈을 이룰 수 있었지만 부모님께 빌라를 장만해 드렸다. 엄마가 돌아가신 후에는 자신이 갖겠다고 주장해도 언니, 오빠들은 항변할 여지가 없지만 자신의 명의로 돌리되 시가로 쳐서 나누어 주었다.

  엄마 생전에 했던 약속을 지키기 위해 작가는 막내지만 엄마 대신 지적 장애인인 큰오빠를 보살피는 새로운 힘든 삶을 살고 있다. 비록 지금은 어쩔 수 없이 큰오빠를 내려놓지 못하지만 자신은 내려놓고 살기로 결심했다. 그게 자신을 응원하고 행복하게 하는 길임을 통찰했다.

  원룸 열다섯 개를 운영하면서 다소 여유로운 생활을 할 수 있었다고 하지만 그러기 위해서는 많은 어려움이 따른다. 편안함만을 추구하지 않고 비용을 아끼기 위해 도배와 장판을 직접 교체한다. 하지만 주로 외국인 세입자가 월세를 몇 개월씩 밀려 놓고 야반도주해 상쇄되기가 일쑤였다.

어떤 경우에는 가전을 사 달라고 해 놓고 갚지 않기도 해 손해를 본다. 작가는 속이 상하기도 하겠지만 어릴 적 극심한 가난을 겪었기에 그들의 심정을 이해하며 베푼다고 생각한다. 회의에 빠져 극단적 선택을 한 청년의 누나가 1년 넘게 밀린 월세와 관리비를 내겠다고 해도 받지 않은 내용에서 작가의 품성을 잘 알 수 있다.

외국인 세입자가 그대로 남겨 놓은 물건들을 정리하기도 힘든 일이다. 작가는 무리하게 그 짐들을 치우다 가뜩이나 안 좋았던 허리가 심하게 아파 병원을 찾았다가 척추관 협착증 진단을 받아 급기야 수술하기에 이르렀다.

중년이 되니 퇴행성 질환으로 고충을 겪어도 굴하지 않고 일해 올 수 있었던 것과 또 어릴 적부터의 아픔과 상처들, 병치레, 고독증, 우울증, 공황장애 등을 이겨 낼 수 있었던 것은 초등학교 시절 육상과 마라톤 선수로 뛰던 저력과 강한 의지가 있었기 때문이 아닐까 싶다. 그런 가운데 삶을 잘 조율하며 살아올 수 있었던 것은 고등학교 시절 가야금을 연주하던 가락이 있었기 때문이 아닐까 싶다.

작가는 지나온 삶을 깊은 사유와 성찰을 통해 술회함으로써 수필을 철학으로 승화시켰다.

작가의 철학은 하루아침에 나온 게 아니다. 어릴 적부터 생각을 거듭하는 사유로 달관한 것이라고 볼 수 있다.

유년 시절 화성목장에서의 삶은 작가의 정신세계를 형성하는 데 큰 영향을 미쳤다.

쇠렌 키르케고르는 고독은 죽음에 이르는 병이라고 정의하고 역설적으로 절망에 빠져 고독할 때 자기 자신과 마주하고 참 자기에 이를 수 있다고 했다.

작가는 그 시절에 가난으로 인한 절망과 늘 혼자 있게 되는 외로움 속에 고독과 싸워야 했다. 그 고독은 오히려 작가가 어릴 적부터 깊이 사유할 수 있게 하는 원동력이 되었다. 결혼 후에도 고독으로 인해 회의에 빠져 이혼 직전까지도 갔지만 더욱 깊이 사유하고 성찰해 자신의 진정한 정체성을 찾아갈 수 있게 되었다.

르네 데카르트의 '나는 생각한다, 고로 존재한다(Cogito ergo sum)'는 아포리즘처럼 작가는 이제 사유를 통해 자신의 존재를 찾았다.

작가는 지그문트 프로이트의 철학인 이드(Id)와 에고(Ego)를 넘어 슈퍼에고(Superego)와 같은 자신의 정체성을 찾아가고 행복을 추구하고 있다.